最強で幸せな職場を創れる6つの秘訣

会社に行きたくなる

メンバーが辞めない

幸援家
石橋正利

カナリアコミュニケーションズ

はじめに

長い人生、誰しもが、思うようにいかない職場に身を置いて、我慢の日々を送った経験はありますよね。

「一生懸命、仕事をしているのに、責任だけ取らされて、誰も協力してくれない。仕事に追いまくられて、しんどいだけ。これからの自分の将来に希望が持てない。…と思っている人」って言うのは、昔の私だったのです。ところが、その「辛い、孤独で苦しい人生」から、今では、幸援家と自称できる「楽しい、心が通い合う幸せな人生」に、私は生まれ変われたのです。具体的には、

★昔の私は、部下が自信を失っても、「ダメな奴だ」とレッテルを張るだけだったのに、今では、自分の事のように心配し、周囲から認めてもらえるよう応援するようになった。
★昔の私は、家内や子供にさえ愛情を感じられない冷たい夫・父親だったのに、今では、一分でも一緒に居たいと思い、一緒に居られることに幸せを感じられるようになった。
★昔の私は、悩んでいることを、職場でも、家庭でも、プライドが邪魔をして、誰にも相談できなかったのに、今では、何でも、素直に話ができるようになった。

★昔の私は、楽しいことは、自分だけ楽しんでいたのに、今では、周囲の皆とも喜びを分かち合いたいと思えるようになり、周囲の喜びも一緒になって喜べるようになった。

そうなんです。今の幸せな人生は、私にとって、奇跡なのです。周りの仲間や家族との関係が深まり、感謝され、今の仕事にもやりがい、喜びを感じられる、そんな幸せな人生をどうすれば手に入れられるのか、この本で秘訣を読み解いていただけると有り難いです。

♥♥♥♥♥♥♥♥

さらに、自分の人生だけではなく、一緒に働く皆さんも幸せを感じられる職場を創りたいと思うようになったのです。

皆さんの職場での体験の中にも、こんなことなかったでしょうか。

会社や上司の都合だけで、無理な目標を与えられたのに、「責任とれ！」と言われるような理不尽な扱いを受け、そのことを何とかしようとすると、周りの抵抗に会い、「変えるのは無理！」と諦めてしまったこと。挙げ句の果てに、「あいつは能力がない」とか、「頭が硬い」とか言われる始末。「もうやってられん」と思ったことなかったでしょうか。涙、涙・・・。

管理職になったらなったで、会議の場で部下に意見を求めても、ほとんど前向きな発言が出てこない。言い訳ばかりで終わってしまう。成績の悪い営業マンに、商談のやり方を教えても、本気で能力を伸ばそうとする姿勢が見られない。せっかく採用した若いメンバーが、すぐに辞めてしまう。など、問題は山積みだと思ったことなかったでしょうか。涙、涙・・・。

ただ、現実は、いくら、その事を嘆いて愚痴をこぼしても、状況は好転しないのも事実ですよね。

この本は、どうすれば、職場のメンバー同士の仲間意識が高まり、協働し合える場面が増え、自ら成長したい、皆で学習し合いたいという意欲が強まり、職場の組織力が見違えるように高められ、「最強で幸せな組織づくり」が実現できるかの秘訣を紹介しています。

まず、これまでに秘訣を実践した人が、私に報告してくれた事例をいくつかご紹介します。

- ●「こんなやつ採用しやがって、うちの会社は見る目がないなと思っていた」
  ↓「コイツが、俺の下についてくれたお蔭で、自分の課題が見えるようになった」
- ●「コイツらの不出来な成績をカバーできる俺だから、管理職なんだと自負していた」
  ↓「みんなを俺みたいに活躍させることが、楽しみになってきた」
- ●「何度言ってもいうことを聞かない部下ばっかりでうんざりする」
  ↓「こちらから促さなくても、自分から報連相をきちんとするようになった」
- ●「そういや、仕事の話以外は会話したことないわ」
  ↓「『相談があるので飲みに行きませんか』って、あの部下がめずらしいこと言うな。」

このような前向きなご報告を、いままで多くの方からいただいています。ご報告に共通しているのが、「同じ状況なのに、自分の物事の受け止め方が変わったので、部下への指導内容も変わり、またコミュニケーションの取り方も変わった。」ということです。

さらに、「何より嬉しいのが、対面で話をするときには、みんな笑顔で生き生きとした目をしていることです。充実した人生への転機に多少は関われたのなら、上司冥利に尽きます。」というご報告です。

このご報告でお分かりいただけるように、「最強で幸せな職場」を創ることと、自分の「幸せな人生」を創ることの秘訣は同じなのです。まずは、「幸せな人生」に自分が変わることで、周囲も「幸せな職場」に変わって行くのです。

この本で紹介する秘訣とは、単なる「ノウハウ」ではなく「生活・仕事の中で意識することで幸せになれるポイント」です。この本をきっかけとして、自らの意識を変え、さらなる充実した「幸せな人生」をステップとして、さらなる「最強で幸せな職場」づくりにご活用頂ければ幸いです。

さあ、今からでも遅くはありません。メンバー全員が、心を一つにして、本気で《魅力ある職場のビジョン》を実現したいと取り組む、最強で《幸せな職場づくり》のスタートです。

平成28年8月

幸援家　石橋正利

目次

第2章　「協働し合う関係を創る」秘訣

第3章　「学習し合う関係を創る」秘訣

第4章　「職場のビジョンを共有する」秘訣

第5章 「職場のビジョンを実践する」秘訣

第6章 「楽しい改革・改善に取り組む」秘訣

第7章 最強で「幸せな職場」を創るために「リーダーの指針」も活用する

序

あなたの職場を最強で「幸せな職場」にしよう

1. あなたが望む環境で「幸せな職場」とは?

あなたは、「自分の部署をどんな職場にしたいか」と考えたことあるでしょうか?

理想的な最強で「幸せな職場」とは、どんな職場か、職場のメンバー全員と話し合って、合意して決めたいものです。なぜなら、そうしなければ、メンバーは本気になって、理想の職場にしようと行動できないからです。もし、まだ、十分に、話し合われていなければ、後で実際に、職場のメンバーとやってみてください。

ここでは、最強で「幸せな職場」と言える理想の職場像のたたき台を提案いたします。

> **理想の職場とは**
>
> メンバー全員が、職場のビジョンに共感し、合意し、実現を誓い合い、達成時期や方法を具体的に計画し、自ら責任・役割を分担し、個々の能力、経験、個性を十分に発揮して、補完し合うメンバーの集まりです。そしてビジョン実現への取り組みを通し、一緒に働きたいと思える人の集まりです。

では、理想の職場像をもう少し具体的に考えてみましょう。

◆職場のビジョンに共感し、合意し、実現を誓い合う

「共感、合意」とは、メンバー全員が、お互いの意見を尊重しながら、なぜ、共感できるのか、逆に、なぜ、共感できないのか、その背景までも理解し合っている状態を指します。うまく合意できた場合、その場に同志のような一体感が出てくるのが特徴です。

奇跡のような成果を上げられる部署が出てくるのが、このような職場です。そうだからこそ、メンバー一人ひとりが、自分の意思で、熱い情熱をもって本気で実現を誓い合うことが出来るのです。

ここが十分に行われていない場合は、その後の取組みが全て、「やらされている」という気持ちのまま行動することになります。当然ですが、難易度の高い職場のビジョンの実現は、スタート前から諦めざるを得ない職場になってしまいます。

牛タンの「ねぎし」では、アルバイト店員さんでも、ねぎし精神を朝・夕礼で唱和し、自分の言葉で考えを発言し、対話による共有がされています。共有するための研修も用意されています。

◆職場のビジョンの達成時期や方法・手段を具体的に計画する

当然、職場のビジョンの実現に効果がある実行計画でなければなりません。その上で、メリットとリスクを比べながら、優先順位を決めていきます。もちろん、職場のメンバーが、職場のビジョンに共感、合意し、実現を誓い合っている職場か、そうでない職場かで、実行計画に対する本気度が全く違ってきます。そして、実行計画の立て方も、「何のために／Why、誰が／Who、何を／What、何時／When、何処で／Where、どの程度まで／How many・much、どういう方法で／How to、何時までに／How long」と、5W3Hで詳細に組み立てる能力が求められます。メンバーに対して、行動計画の立て方のトレーニングをお願いします。

◆自ら責任・役割を分担する

責任には主として、誰もが担う「遂行責任」と、リーダーが担う「結果責任」があります。よくテレビ・ドラマなどで、「よしやれ。責任は俺がとる」というセリフは、「俺が結果責任を負うから、遂行責任を果たせ」と言っているわけです。

従来は、リーダーとメンバーとの一対一の関係で、個別面談を通して、役割分担を決める傾向がありましたが、それでは、他のメンバーが、どんな役割を担当するのか、よく分かりません。とても、職場が一体となった取組みにはなりにくいと言えます。

そこで、「お互いが担う職務を職場のメンバー全員で話し合い、合意する」という考え方をお勧めします。たたき台は、リーダーが考えてください。職場のビジョンの達成に向けて、リーダーが期待するメンバーに対する個々の役割だけではなく、メンバー相互が考える、お互いに期待する役割を遠慮せず出し合うことです。納得するまで話し合いましょう。

リーダーから、やれと言われて、「はい」と心にもなく返事をしている職場は変えましょう。メンバー同士、「私にやらせてください」という自らの意志で取り組める職場にいたしましょう。

◆個々の能力、経験、個性を十分に発揮して、補完し合う

メンバーを見渡してみれば、経験や能力に差があるのは、当たり前です。それと、各人、得手、不得手があるものです。お互いの足りないものに目を向けるのではなく、持っているものに目を向けることで、補完し合う関係がつくれます。

私たちは、自分自身のことになると意外と分からないところがあります。メンバー間で、気付いたことをお互いに伝え合うことで、成長し合うことができます。

◆ビジョンの実現への取り組みを通し、一緒に働きたいと思える

職場というのは単なる課題解決、目標達成の集まりではありません。私たちは機械ではないのです。単に目の前の業務をこなすだけのために集まっているのではありません。お客様にとって、無くてはならない製品やサービスを提供して、お役に立ちたいと心を一つにして、出会いに感謝し合い、協働し合い、学び合い、共に成長し合えることを可能にする場です。

残念ながら、心の病で仕事が出来なくなるビジネスマンは、増え続けています。真面目であるが故に、一人で問題を抱え、一人で悩む方は少なくありません。ぜひ、お互いが助けやアドバイスを求められる関係、つまり、「一緒に働きたいと思える関係」が自然に育まれる職場にしてまいりましょう。年齢、地位、所属部署の違いを乗り越え、仲間という温もりのある関係を創ろうではありませんか。

私たちの身近にも、ビジョンの実現への取り組みを通し、一緒に働きたいと思える職場はあります。

焼き肉のワンカルビや、しゃぶしゃぶのきんのぶたのワン・ダイニングの社長・高橋淳さんは、「私たちワン・ダイニングは、単に肉料理をご提供することが目的ではありません。焼き肉やしゃぶしゃぶなど、おいしい肉料理を囲むことで、話がはずみ、笑顔になる。家族が、大切な友だちや仲間が、こころとこころを深めていく。そんな幸せな〝団らん〟という時間を社会につくりだすこと」を事業の想いとして語っておられます。

そんな想いを共有しているお店では、どの社員も「どうしたらお客様に喜んでもらえるか。そのために、どうアルバイトさんを成長させていくか」、お客様やアルバイトさんのことを温かい気持ちで、真剣に考えています。ですから、アルバイトの皆さんも、とても幸せな気分で働けるのです。学生アルバイトさんの中には、「こんな温かい会社で、僕も社会人として頑張りたい」と、入社した人も居ます。「あの時、社員さんが私にしてくれたように、情熱をもって、アルバイトさんを成長させることができるような社員になっていきたい」というメッセージに、私も学生時代に、ワン・ダイニングでアルバイトしてみたかったなと思います。

◆課所も職場の一つ、家庭も組織の一つと考えることができます

職場と言うと、会社全体を指すこともできますが、数人しかいない課所も職場の一つと考えることが出来ます。社長はもちろんですが、部長・課長・係長・主任など、階層別にリーダーの立場に居る皆さまの関わる部署は、大小に関係なく職場です。

もっと、足元を見ると、「家庭」も職場と同じように組織です。「幸せな職場」づくりと同様に、「幸せな家庭」づくりのためにも、この本をご活用ください。

2. 職場は「人間形成の場」でもある

今まで、「理想の職場」の在り様を考えてきました。一つの結論として、職場は「人間形成の場」だと考えることができます。なぜなら、職場では、様々な出来事が日々起きています。うまく行くことはむしろ少なく、うまく行かないことの方が多い。その出来事一つひとつが、人間として成長していくための教材だと考えるなら、職場は「人間形成の場」だと言えるのではないでしょうか。

◆「挨拶」の意味

例えば、朝、「おはようございます」とこちらが挨拶したのに、無視されたとしたら、どんな気持ちがするでしょうか。相手が、考え事をしていて、気づかなかったとしても、すごくイヤな気分になることでしょう。

なぜでしょうか。私たちは、どうも、「自分」という存在が生まれるためには、「相手」から認知してもらうことが必要なようです。

渋谷の街を歩いていて、多くの人とすれ違っても、ポストの前を通るのと同じで、動くモノでしかありません。お互いの存在を認め合うこと、つまりきちんと相手と向かい合うことが、職場での人間関係を築く第一歩となります。ろくに挨拶さえ交わさない、仕事以外の会話がない職場で、仲間意識は生まれません。相手と向かい合うということは、相手の意見やこころの状態に耳を傾けることであり、自分の言いたいことを伝えることではありません。

◆人と「出会う」意味

さらに、私たちは、人と出会うことで、「自分を照らす鏡」を手に入れることができます。「自分を照らす鏡」とは、自分が気付かない長所や短所を教えてもらうと言うことです。さらには、日々の態度や行動が、周囲からどのように受け止められているのか、周囲から教えてもらうことを通

し、人間として成長する機会が与えられるのです。

しかし、自ら「自分が気付かない長所や短所を教えてもらいたい」「自分の日々の態度や言動は、望ましいか、望ましくないか、教えてもらいたい」と周囲のメンバーにお願いする人は例外かも知れません。面子やプライド、恥ずかしさが邪魔をしてしまうからです。周囲も遠慮して、面と向かって言ってくれる人の方が少ないのが現状でしょう。

それと、出会いには、「真剣に自分の成長を願って言ってくれる感謝したくなる出会い」だけではなく、「心が傷付く辛い出会い」もあるかもしれません。相手を恨んだり、許せないという気持ちになることでしょう。

私自身も、過去、「なんでこんな目に遭わなくてはならないんだ。辛いなぁ」と思うことは何回もありました。早く忘れるしかないと思っていましたが、ある時、「出会いは。必然。出会うべき時に人は出会う」という考え方を教えてもらいました。

そこで、ごみ箱に捨ててきた思い出したくもない出会いをごみ箱から拾い出してみました。その一つが、研修の仕事を始めたころ出会った受講者の「こんなひどい講師見たことない。講師を変えてくれ」というレポートでした。でも、「よくぞ、本音を書いてくれた。今の自分の実力を教えてくれてありがとう」と出会いに感謝してみました。

今の私が在るのも、このような出会いがあったからです。

3. あなたの職場の「幸福度」をチェックする

厚生労働省の最近の「労働安全衛生調査（実態調査）」によれば、現在の仕事や職業生活に関することで強い不安や悩みが、ストレスになっていると感じる人の割合は、半数を超えています。その内容をみると、「仕事の質・量」「仕事の失敗、責任の発生」「対人関係」が上位に来ています。どの職場でも、半数は、うつ病予備軍だと考えても、過言ではないかも知れません。

あなたの職場は、大丈夫ですか。

まずは、あなたの職場の現状を確認するところからスタートすることにしましょう。

すでに問題が起きていたり、その兆候があるのに問題に気付かなかったり、放置していては、最強で「幸せな職場づくり」のための改善に向けて前に進めないからです。

◆業績目標に関する問題点は？

個人の業績目標が、ノルマとしてやらされていると感じてしまう職場なのか、業績目標を達成したいという強い思いが、メンバー一人ひとりの心の中にもてる職場なのか、そしてまた、職場全体の業務目標の達成は、リーダーだけの責任にしてしまっている職場なのか、みんなで達成を誓い合った職場なのか、その状況によって問題の生じ方が違ってきます。

職場が、次のようになっていないでしょうか。該当する項目にはチェックを入れてください。

□業績目標が負担で、できるだけ低い目標を喜ぶ傾向がある。
□業務目標が未達成でも、互いに傷を舐めあう甘さがある。
□他者や部署全体の目標には無関心で、自分の目標さえ達成すればよいと考える。

◆仕事への取り組み姿勢に関する問題点は？

今日の成果に心を奪われた職場は、イソップ童話の「アリとキリギリス」のアリのように「冬のための準備をする」行動を積極的にすることはありません。明日の夢やビジョンを実現するために、今、何をしなければならないのかと考える職場は、常に、新たなことに挑戦する職場です。どちらの傾向が強いかによって問題の生じ方が違ってきます。

職場が、次のようになっていないでしょうか。該当する項目にはチェックを入れてください

□言われたらやるといった受身の姿勢で仕事をしている。
□周囲への不平、不満は多いが、前向きな提案は少ない。
□前向きな提案をした言いだしっぺが一人で抱えて損をする。

◆人間関係に関する問題点は？

また、メンバーは、業務目標達成のための単なる歯車になってしまっていないか、それとも、能力と人間力を育む人間形成の場であり、仲間と共に、部門目標を達成する喜びを分かち合う場になっているか、その状況によって問題の生じ方が違ってきます。

職場が、次のようになっていないでしょうか。該当する項目にはチェックを入れてください。

□職場に笑顔や「ありがとう」の感謝の言葉をかけ合うことが少ない。
□互いに何をやっているか無関心で、悩みを相談し合うことが少ない。
□仲間としての一体感や協力しようという職場ワークが弱い。

◆風土に関する問題点は？

「トップの考え方」「業界の価値観」「創業者の創造者精神」「企業規模」「社歴」「組合の影響力」「年齢構成」「経営成績」「経営環境の変化」等、様々な要因が関係して、風土、企業文化が形作られていきます。1924年の有名なホーソン工場の技師らによる実験により、「生産量の水準は、そこで働いているグループの人が、仲間たちの間で作った、暗黙の生産量の基準や行動規範によって影響される」ことがわかったのです。職場上のリーダーとメンバーの関係以外に、インフォーマルな関係が、職場にネガティブな影響を与えている場合は、放置することはできません。

職場が、次のようになっていないでしょうか。該当する項目にはチェックを入れてください。

□問題を口にするだけで、誰かがやってくれるのを待つ依存体質が強い。
□「よし、みんなでやろう」といった雰囲気が感じられない。
□どうせ何を言ってもムダだからと、諦めムードが漂っている。

◆コミュニケーションに関する問題点は？

コミュニケーションの語源は、ラテン語のコミュニカーレ（communicare　共有する）だと言われています。一見、簡単そうに見える「情報を共有する」ためには、お互いに相手を理解し合うことが前提条件となります。心がふれあうコミュニケーションには、相手に対するやさしい思いやりの気持ちと、相手を理解しようとする努力が必要です。

職場が、次のようになっていないでしょうか。該当する項目にはチェックを入れてください。

□積極的な発言が少なく、会議では沈黙が当たり前。
□朝礼や会議で、話している人の方へ顔を向けて聞こうとする姿勢が弱い。
□相手にとって耳の痛いことでも、本音で言い合える雰囲気がない。

◆人材育成に関する問題点は？

せっかく採用した人材を「人財」にするか、居ても居なくてもいい程度の「人在」にするか、居ることが悪影響を与える「人罪」にするかは、職場のリーダーの責任が大半です。

さらに、問題は、せっかく育てた「人財」が他社に転職してしまうことです。

職場が、次のようになっていないでしょうか。該当する項目にはチェックを入れてください。

□次世代のリーダー候補の人材が育たない。
□離職率が高い。若手だけではなく、有能な人財も辞めていく。
□ビジョン実現に貢献する上で必要な成長目標を掲げようとしない。

◆制度の仕組み運用に関する問題点は？

時間とお金をかけてコンサルタント会社に、人事評価や目標管理の仕組みを作ってもらい、何年も取り組んでいる実績がある会社でも、実は、「仕組みを実際に運用する現場から、この仕組みは素晴らしいので、続けて欲しい」という歓迎の声を聞くケースは少ないようです。

その原因は、仕組みを創る時に、何のために創るのか、仕組みを運用する側には、目的があった筈ですが、実際に仕組みに取り組む現場の側の意向を、きちんと反映していないのではないでしょうか。

職場が、次のようになっていないでしょうか。該当する項目にはチェックを入れてください。

□目標管理などの仕組みが機能していなくても、知らん顔。
□会社のビジョンや方針が形骸化し、メンバーに熱い思いが感じられない。
□一度出来上がった仕組み・制度は、全くというほど見直しされていない。

いくつ、問題点が表面化したでしょうか？　チェックの数を足し算してみてください。

《0個～4個》・・・・職場としての組織的能力が高いので、そのまま維持することが望ましい。

《5個～9個》・・・・テーマもしくは、部門によっては、職場としての職場的能力に問題がある可能性が高い。問題を早急に共有化し、改善への取り組みが望ましい。

《10個～14個》・・・・たとえ、業績が良くても、このまま放置しておくと職場としては、機能不全一歩手前なので、組織横断型チームを編成して、本格的に改善に取り組む必要がある。

《15個～21個》・・・・職場としては壊滅的状態で、メンバーは閉塞感が強く、「職場は変わらない」と諦めている可能性がある。強いリーダーシップを発揮し、改善ではなく、改革レベルで取り組む必要がある。

4. なぜ「ギスギス職場」が増えているのか

あなたは、なぜ、多くの職場が「ギスギス職場」になってしまったと思われますか。

どうも、根っ子として、社会全体が、個人を優先する個人主義の風潮が強くなってしまったように思われます。さらには、メンバー個々の成果主義制度の導入による混乱や、事業のリストラなどによる「メンバーが壊れる」現象が深く潜行しているようです。

最近の相談事例にも、「自分の担当している仕事にしか関心がない」、「目標管理の導入で、メンバーの疲弊感が強くなり退職者が出てきた」、「せっかく、新卒や中途採用で、人を採っても、すぐ辞められてしまう」「お互い知らん顔で、ちっとも協力し合おうとしない」。などの声が多く聞こえて来るようになってきました。

◆「個人の成果」から「チームの成果」へと注目を変えよう

最近、「個人」としての能力向上だけではなく、「チーム」としての組織力の向上が注目されるようになってきました。どんなに能力の高いメンバーを集めても、成果が出るとは限らないことを皆様も体験してこられたのではないでしょうか。

「チーム」を創ることの大切さの理由は、次の三つです。

①大きな成果はチームから生まれる
・私たちの仕事の多くは、他のメンバーの協力を必要としています。
・協働を通じてプラスの相乗効果（シナジー効果）が生まれます。
②現場のメンバーとリーダーに期待される役割の変化（顧客起点で考え行動）
・メンバーに期待される役割は、お客様の要求に応えられる活動が求められます。
・リーダーに期待される役割は、メンバーを支援することが求められます。
③個人の成果主義は足を引っ張り合う
・個人の成果主義だと、自分の担当の仕事や業務目標を達成してさえいれば文句は言われず、他のメンバーを応援するより、足を引っ張る方向に行きやすい。

◆「個人の成果」のみを志向する職場の特徴

求められるのは、個人としての責任が中心です。自分の担当の仕事や業務目標を達成して、個人の成果さえ上げていれば文句は言われません。他のメンバーが未達成でも、応援する必要はありません。未達成の本人が責められるだけです。個人のノウハウは、組織としてのノウハウにはなりません。

従って、有能な個人が転職すれば、ノウハウは残らないことになり、部署の業績は、個々のメンバーの能力の総和以上にはならないのです。

◆「チームの成果」を志向する職場の特徴

求められるのは、個人の成果だけではなく、メンバー同士が職場のビジョン実現に向け、協力し合い、補完し合うことで、職場の成果を出すことです。従って、その業績は、個々のメンバーの能力やインプットの総和以上になることが期待されるのです。（シナジー効果）

5.「モチベーションの危機」が隠れていないか

ぜひ、社内で問いかけていただきたいテーマがあります。

それは、メンバーの「モチベーションが高いか、低いか」、「現在の自分の仕事に、無気力感を感じたことが無いか」という問いです。

私の今までの出会いからすると、もしかしたら、かなりのメンバーが「感じたことがある」「今、正にその状態」と答えるかも知れません。研修の中で、「今の元気度は何点ですか」とよくお聞きしますが、80点以上の方は、20%前後しか居ません。

◆モチベーションに影響を与える要因

私たちのモチベーションに影響を与える代表的な要因は三つあります。

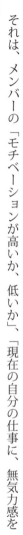

①使命感を感じられる仕事の目的意識が持てているか。
②成長感を実感できているか。
③指示されたことしかやれないのではなく、自主的に判断し行動できるか。

若い頃の私は、仕事の「目的」は単に、生活費を稼ぐためとしか考えていませんでした。与えられた目標を達成さえすれば、責任が果たせるし、面子が保てるという意識しかありませんでした。お客様のお役に立ちたいという使命感とは程遠い状態でした。

◆経営理念・ビジョンの存在意義

あなたに問いかけたいと思います。

「社会的な使命を感じていますか」という問いです。

関連して、「会社の経営理念やビジョンに共感して、実現したいと本気で思っていますか」という問いです。

これらの問いに対しても、もしかしたら、かなりのメンバーが「社会的使命を感じたことがない」「本気で実現しようと思っていない」と答えるかも知れません。昔の私のように、目の前の業務目標で尻を叩かれている限り、「社会の役に立ちたい」「お客様の役に立ちたい」「職場の仲間の役に立ちたい」という使命感が湧いてこないからです。

これらのことは、企業の存在価値そのものが、メンバーの意識の中で希薄になっていると言わざるを得ませんし、メンバーのモチベーションに、大きな影響を与えています。多くの企業で掲げられている経営理念、社是、社訓が、あまり機能していない証拠でもあるでしょう。

会社の経営理念やビジョンを掲げ、社員とその実現に取り組んで経営の危機的状況を脱したクリーニング店をご紹介しましょう。

ニック・クリーニングの社長・西川芳雄さんは、父親から、店を引き継いだ時、売り上げは大きく落ち込んでいました。業績を復活したいと、社員を叱咤激励し続けたのですが、士気は上がらなかったのです。そんな時、ピーター・ドラッカーさんの「企業とは社会のための道具であり、社会のための組織である（マネジメント／ダイヤモンド社）」という言葉と出会います。そこで、お客様の声から、単に汚れた服を洗うのではなく、「服の美しさを蘇らせる」というクリーニング店の使命を新たに掲げたのです。そして、新たな技術を磨き、サービスを提供することで、社員の皆さんは、お客様の喜ぶ顔を見ることになります。そのことで、社員の意識も「さらに、お客様に貢献したい」という意識に変わり、自発的に月1回集まって話し合いを始めたのです。

やらされる改善活動ではなく、やりたい改善活動の見本ですね。

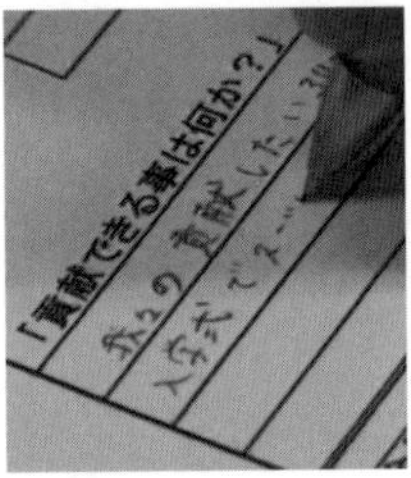

◆どんな時に、仕事にやりがいを感じますか

ニック・クリーニングの社員の事例から、答えはお分かりいただけたと思いますが、いつも、職場改革を依頼された職場の皆さんに、「どんな時に、仕事にやりがいを感じますか」という問いをさせてもらいます。その答えの上位をご紹介します。

・お客様のお褒めの言葉をいただいたとき。
・お客様のためを考えて、本気でアドバイスしたことに対して感謝されたとき。
・自分を頼ってくれるお客様がいて「絶対に辞めたりしないでね」と言われとき。
・指名でリピートしてくるお客様がいるとき。
・お客様から「ありがとう！あなたに頼んでよかった」と言ってもらえたとき。
・お客様からの紹介をいただいたとき。

この答えから分かるように、私たちは、「自分を必要としてくれる人」無くして、仕事にやりがいや誇りが持てないのです。でも、「自分が誰かに必要とされ、役に立っている」ことが、仕事にやりがいや誇りが持てる秘訣だと気付いている職場の方が少ないのではないでしょうか。「人から仕事を頼まれると面倒くさい。お客様からの注文が増えると勘弁してよ」と、仕事が増えることが、負担としか思えない意識は、普通かも知れません。

実は、私は、サラリーマン時代、研修嫌いでした。なぜなら、学びたい、成長したい動機が持てないまま、日々の業務に追われていた私にとって、研修に出ると仕事が積み残されるからイヤだったのです。

自分を成長させたいという強い思いが持てるようになるには、「誰かの役に立ちたい」という使命感が不可欠なのです。使命感が持てるようになると、「将来、こんな仕事がしたい」、「こんな能力を習得したい」、「こんなビジネスマンになりたい」という個人としてのビジョンも自然に持てるようになります。多くの職場で、「リーダーから言われたことをやればいい。与えられた目標をやればいい」という、やらされ意識が蔓延しているのも、使命感の無さが真の原因なのではないでしょうか。

◆モチベーションが低かった私が変われたきっかけ

30代半ばまで、やらされ意識のまま、出来ない理由を一生懸命に探して言い訳する日々を送っていた私。モチベーションが上がる筈がありません。でも、当時は、無気力になってしまう理由が分からなかったのです。ただ、救いは、諦めの気持ちの一方で、「そんな無気力な自分を変えたい」という思いがあったということです。定年までの貴重な人生の大半の時間を、ただ「商品を何台売ったか」で引き換えにはしたくないという思いです。

この、「自分を変えたい。理想の職業人に少しでも近づける人生を歩みたい」と思えたことが、幸せな今の人生のスタートになったことは、今、考えても不思議です。「仕事なんて、こんなものだよ」、「仕事にやりがいが持ちたいなんて、甘いこと考えているんじゃないよ」と随分言われたものです。諦めている人は多かったように思います。

◆私が描いた理想の職業人としての人生

次が、私が描いた理想の職業人としての人生像です。あなたは、どんな理想の人生像を描きますか。ぜひ、じっくりと考えてみませんか。

- 現在の仕事に使命感をもって、やりがいを感じている。
- 一緒に働いているメンバーやお客様との出会いに感謝している。
- 自分の今までの人生や将来の人生に対し、肯定的に受け止めている。
- 自分らしさを充分に生かした仕事をしている。
- 職場やお客様の中に「君と出会ってよかった」と言ってくれる人が居る。

6. 最強で「幸せな職場」を創る6つの秘訣とは

「最強で幸せな職場づくり」において重要な六つの秘訣の概要です。

詳しくは、第1章から第6章までをお読みください。

第1の秘訣　「ポジティブな職場の風土を創る」

望ましい職場風土は、職場にとってきわめて重要なものです。なぜならば、職場風土は空気のようなもので、普段は、気付くことがありませんが、メンバー個々の行動や態度にとても影響を与えるものです。

第2の秘訣「協働し合う関係を創る」

職場においてメンバーを競争相手としてではなく、補完し合える仲間として見るよう、メンバーを導けなくてはなりません。人々が階層主義から脱し、互いに協力しながら仕事をするようになると、それぞれの知識やスキルを共有し、最大限有効に活用することが可能になります。

第3の秘訣　「学習し合う職場を創る」

職場が学習を重視しているか否かは、適切なトレーニングがどれだけ実施されているか、失敗から学んでいるか、メンバー相互のフィードバックがあるかなどで判断されます。ただし、トレーニングやそのほかのいかなる学習の機会も、多様な学習者に対応できてはじめて有効だといえま

す。

第4の秘訣　「職場のビジョンを共有する」

今日の職場では、一人ひとりのメンバーが職場のビジョンや使命を完全に把握することが求められます。しかし、単にスローガンを掲げるだけでは、ビジョンを真に共有することはできません。職場のビジョン実現に向かって、メンバー一人ひとりがどのような役割を果たすのかを、全員が理解していなくてはなりません。自分に与えられた職務の外に視野を広げることは、職場の成功に貢献できる、より有効な方法の発見にもつながります。

第5の秘訣　「職場のビジョンを実践する」

職場のビジョンに共感・共鳴して、自らの意思で実現しようと決意したメンバーにとって、日々の業務活動を通し、ビジョン実現に向けた実践は、とてもやりがいに溢れたものになることでしょう。個々人の成果も、メンバー全員の喜びとなります。お互いの実践内容は、共有し合うことが当たり前になるのです。

第6の秘訣　「楽しい改革・改善に取り組む」

ニック・クリーニングのように、メンバーが、自発的に《PDCAサイクル》を回したくなる職場を創りましょう。

Plan（計画する）

計画とは、目的を達成する一番良い方法を明らかにし、それを誰が、どのように、いつ行うかを具体的に示すことです。

Do（実行する）

実行場面では、実行に伴う能力が備わっていないと計画通りに実行することは出来ません。

Check（点検する）

点検は、計画通りに行動できたかを、目標と実績数値を比較して明らかにすることです。

Act（改善する）

改善とは、目標を達成できた原因と目標を達成できない原因を明らかにすることです。点検を行った後には、目標を達成できるように改善の対策を打たなくてはなりません。

《PDCAサイクル》を回す改善活動は、メンバーの能力を磨き、生きがいのある明るい職場づくりにとって欠かすことのできない取り組みです。《PDCAサイクル》を無限に回すことで、絶え間なく向上または改善するプロセスの中で、個人としても、職場としても、共に成長が期待され、成果に喜びを感じることが出来るのです。

なのに、なぜ、多くの職場で、本気で取り組まれていないのでしょうか。その理由は簡単です。やらされる活動にしてしまっているからです。ぜひ、現場がやりたい活動にしていきましょう。

第１章

「ポジティブな職場の風土を創る」秘訣

まずは、「ポジティブな職場の風土を創る」ことから始めましょう。

職場の風土（文化）とは、企業に参加する人々に共有されている価値観と、共通の考え方、意思決定の仕方、また共通な行動パターンの総和ということができます。

皆さんの職場は、どの位、望ましい風土になっているでしょうか。該当する項目にチェックを入れてみてください。

□立場を越えて、自由闊達な意見交換がされている。
□新しいことに挑戦して失敗した場合も評価される。
□自ら考え判断して行動する自主性が奨励されている。
□意思決定に参画する場があり、決定の透明性が確保されている。
□異なる意見が歓迎され、合意の形成が図られている。
□個人も職場も、欠点・短所ばかりを指摘せず、美点・長所を認め合う。

もし、チェックが付かない項目があるなら、今から「ポジティブな職場の風土づくり」をスタートさせましょう。

では、「ポジティブな職場の風土づくり」への第一歩として、お勧めの「物事の見方・考え方」をご紹介いたします。

1. ポジティブ思考を習慣化しよう

◆天に棄物なし

最初の考え方は、「天に棄物なし」という考え方です。この言葉は、いつも不思議に私の心に響き続けています。なぜなら、私自身、自分の人生を振り返ったとき、「どうせ俺なんか生まれてこなければよかったんだ」、「俺を愛してくれる人なんかいない」、「生きている意味なんかない」、「なんで俺ってこんなに頭悪いんだろう」など、自分を卑下し、存在そのものを否定したくなる時期があったからです。孤独感の強い、劣等感いっぱいの子供だったのです。

そんな私が、経営者やリーダーの皆さんの研修講師をやらせていただいているなんて、ビックリです。その理由を探してみると「天に棄物なし」という言葉に行き着くように思います。

では、「天に棄物なし」という言葉が意味するものは、何でしょうか。

「天に棄物なし」とは、「目的も無く、意味もなく生まれてきた人は一人もなく、みんなに使命があること、どんな出来事も、置かれている状況も、意味があって起きているんだ」ということを表しています。いつからだったでしょうか、ある時から、この言葉のように、「自分の身に起きる出来事は必然」なんだと受けとめる生き方を始めたように思います。

自分という存在がもつというか、与えられたというか、命を使うべき使命を知らないままでは、せっかく人間に生まれてきた大切な一生を台無しにしてしまいます。使命を知れば、逆に一生懸命、心を尽くし、己を尽くす生き方に変わります。無一物の私が、30年前に裸一巻からやって来れたのは、「仕事にやりがいが持てるよ」という自分の体験を伝えたいという使命に素直に従ったからに他なりません。そうしたら、必要な機会と必要なモノが与えられるという体験をさせていただきました。

◆己の使命を知る

では使命とは何か？

天下、国家を論じて、とてつもなく大きな事柄を目指そうとすることだけが使命だとは思いません。むしろ、赤ん坊がすくすくと丈夫に育ちますようにと「母親が赤ん坊に乳を与えること」や、リーダーのお役に立ちたいと、「頼まれた書類を丁寧にコピーをする」といった日々の何気ない行為の中にこそ、相手を思いやり、相手のお役に立ちたいという使命があるのではないでしょうか。

中国唐の禅僧で、臨済宗の開祖である臨済義玄の臨済録に「随所に主となれば立処皆真なり」という教えがあります。どんな状況下に置かれても、主体的に自己を見失わず、己の使命を果た

さんとするなら、与えられたその境遇や、その時期、その場所が自己実現の場となるという教えです。誰でも、この教えのような生き方が出来ることを願わずにいられません。

そうでないと、どうしても、日々に忙殺されるまま、あっという間の「酔生夢死のごとき人生」になり果ててしまいかねません。

◆マイナスのエネルギーからプラスのエネルギーへ

前にお話ししたように、私は若い頃、一生懸命仕事に打ち込んでいたのに、心が病んでいくのを実感する時期がありました。無気力症が現われる程のうつ状態でした。

とても辛い時期でしたが、この時のマイナスの心のエメルギーが、その後の私の人生の原動力になったのです。間違っても、「俺ってマイナス思考だからダメなんだ」と自分を責めたり、自信を失ったりしないで下さい。蓄積したマイナスの心のエネルギーは、プラスの心のエネルギーへ転換さえすればいいだけのことなんです。

ただし、潜在意識は、主語がありませんから、人を責めたり、恨んだり、腹を立てたり、嫌ったりすることは、相手だけではなく、自分自身をも否定することになることは覚悟しなければなりません。私が無気力症になっていったのも、周囲への不信感や責める気持ちが、自分自身の自己有用感を下げてしまっていたように思います。

心にマイナスのエネルギーを蓄えるだけの間は、周囲のエネルギーを奪い、とても居心地の悪い雰囲気を醸し出すことになりますから、協力者は出て来にくいし、営業マンなら、お客様が選んでくれなくなるのは当然でしょう。能力があっても、成果が出にくいのは、そのためです。ですから、蓄えたマイナスのエネルギーをプラスに転換すれば、周囲はとても居心地の良さを感じて、一緒に仕事をすることが楽しくなり、プラスのエネルギーが高まります。もちろん、喜んで協力してくれるし、お客様もお願いしたくなることでしょう。

エネルギーの転換で思い出すのが、「人を動かす」「道は開ける」(創元社)の著者、デール・カーネギーさんです。彼は、若い時、「ニューヨークで、未来に希望も持てず、孤独な最も不幸な悩み多い青年の一人だった」と述懐しています。悶々としたマイナスのエネルギーが蓄積されて行ったことでしょう。

でも、その体験が有ったからこそ、その後、彼が、友人の作り方や、悩みを乗り越えた人達の体験を本にすることが出来たのだと思います。日本でも多くの人の心に勇気を与えた彼の実証に基づいた説法は、正に、若い頃、蓄えたマイナスのエネルギーをプラスのエネルギーに転換した素晴らしい事例ではないでしょうか。

◆「目標」一辺倒から「目的」へ意識を向ける

では、どうすれば、マイナスのエネルギーをプラスに転換することができるでしょうか。

まずは、目標に意識を向けるだけではなく、目的に意識を向けることです。

私は「売上目標を達成すること」が責任を果たすことだと目標だけに意識が囚われていた時には、目標がストレスの原因となり、心が病んでいったのです。

そこで、『何のために仕事をするのか』という仕事の目的を問うことを始めました。

まずは「仕事＝事に仕える」の意味を調べてみました。

「事」とは古くは「御事」と言われていたようで、「御事」の意味は「親しみを込めて相手」を表現しているそうです。

「働く」も、「傍を楽にする」と言う見方ができます。つまり、自分を必要としている相手に仕えることが、仕事なのです。さらに、「目標とは、目的がどの程度達成できているのかを図る尺度だ」と考えてみることにしたのです。

つまり、製品やサービスを提供する目的は何かと。

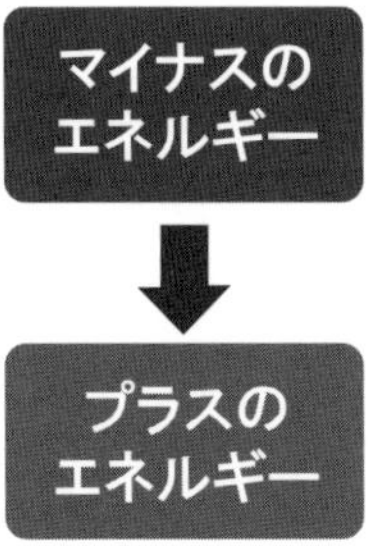

◆意識が変わりました

仕事の目的は「お客様のお役に立つこと」だと、簡単に答えは見つかりました。

たったこの気付きで、私の仕事への意識が変わりました。

「仕事は辛くて苦しい」という意識から「仕事はやりがいがあり、楽しい」と。自然に、使命感に溢れた仕事ができるようになったのです。

お客様のお役に立ちたいと思えば思うほど、高い目標がストレスではなく、やりがいに繋がるようになりました。このことに気付くのに、私は随分時間がかかってしまいました。気付かれている皆様、ぜひ、この素晴らしいやりがいのある世界を伝えてあげてください。

今でも、多くの職場で、販売促進策をどうするか？　工場の生産性を上げるにはどうするか？　など、会議の中心の大半は、「方法・手段」になりがちです。ただし、その前に、「目的や意義や、どんな人財をめざすのか」を共有し合う習慣づくりをお勧めいたします。

◆どんな自分になりたいのか、成長目標を考える

では、仕事に必要な成長目標とは、何でしょうか。

言うまでもなく仕事を通して『どんな人間形成を目指すのか』を問うことです。ホンダの創業者である本田宗一郎さんは、「職場は人間形成の場たらしめること」と言ってます。

正に、職場や家庭などの身近な環境こそ、最も己を磨く教材です。

皆様は、どんな人間形成を目指していますか？

どんな人物をモデルにしていますか？

以前の私は、「楽々、売上目標が達成できる営業マンになりたい」というのが願いでしたが、それでは幸せになれませんでした。一瞬、達成感が味わえるだけの寂しい世界でした。

今の私は、幸せな人生を望む人々を支援することに使命感を感じる「幸援家」です。だからこそ、もっともっと学び続けたい、多くの人と出会いたいと思う、幸せな毎日です。

そうなれた理由は簡単です。

「人の役に立ちたい。そのために、どんな自分になりたいか」という問いを自分に課しただけです。「理想の自分像」を掲げることで、最高の人生を手に入れることが出来たのです。

ぜひ、職場のメンバーに、就職時期を迎えた学生たちに問いかけてください。

もちろん、自分自身にも。そうすれば、必ず、生き生きとした豊かな人生を送れるようになることを保証します。

◆ポジティブな思考を習慣にしませんか

下の図を見て下さい。「何が描かれていますか?」と問われたなら、大半の方は黒い丸とお答えになるでしょう。

しかし、目に映っているのは黒い丸だけではなく、周囲の白いスペースも映っているのですが、私たちは、目立つものしか認識しない傾向が有るのです。

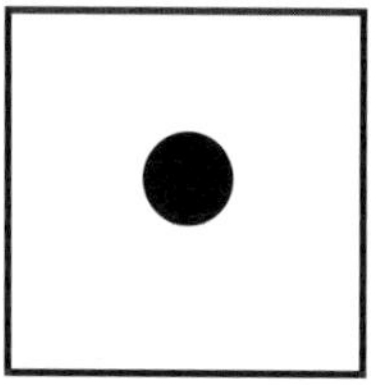

普段、褒められることが殆ど無く、ダメ出しされることが多いのもこの事が理由です。私たちは、「字が書ける、挨拶ができる、遅刻しないなど、大半の事はやれているが故に出来て当たり前」となる一方、「足りない能力や仕事内容が目立つ」から、ダメ出しされることになるのです。ぜひ、周囲の白いスペースに目を向けて、ちょっとでも「成長している点」や「貢献している点」を認

め合いましょう。もちろん、自分に対しても認めてあげましょう。私は、よく自分に声を掛けます。それは、「私は本当に幸せな人生を生きている。幸せだ。有り難い、有り難い。」と。

さあ、Ａ３の白い紙の真ん中に●を書いて、部屋の壁に貼りましょう。会社に行く前に、メンバーの白いスペースに当たる貢献度や成長度を見つけて、会社に行きましょう。そして、言葉にしてプレゼントしましょう。

◆ポジティブな会議にしませんか

また、こんな会議をしていませんか?

業務目標の達成率が90%で終わった時、「なぜ、残り10%達成できなかったんだろう?」というテーマには時間をかけても、「なぜ、90%まで達成できたんだろう?」というテーマは、意外と取り上げていません。

両方の視点から会議をしましょう。

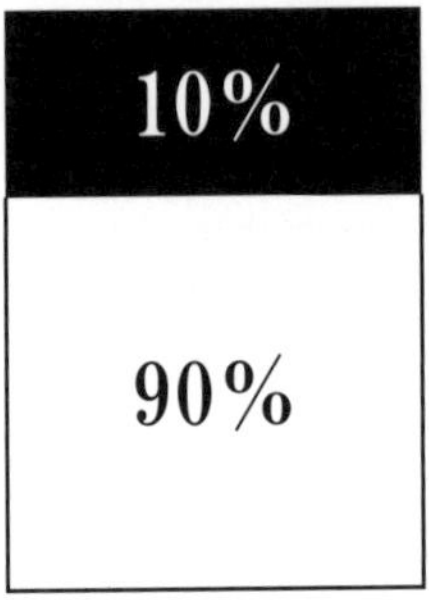

◆ポジティブな改善活動をしませんか

製造業では、「不良率」を下げる改善活動は当たり前ですが、「良品率」を上げるというテーマでの改善活動は少ないようです。「不良率」を下げる改善活動の場合は、不良品が発生した原因の追究と対策が主たる活動になりますが、「良品率」を上げる改善活動の場合は、良品が作れた原因の追究とさらなる対策が主たる活動になります。

さらには、お客様からのクレームは、製造現場で厳しく追及される要因になりますが、お客様が満足してくれている声は、ほとんど製造現場に届けられることがありません。

販売業でも、業績の悪い営業マンは、「ちゃんと売れるようにしろ」と改善を要求させますが、業績の良い営業マンは、「よくやっている。いいぞ」と褒められて終わりがちです。なぜ、よい業績が成果として出るのかの要因分析は、不思議なほどやられているケースは少ないようです。

サービス業でも、接客態度が悪いなどのクレームが発生したような場合、クレーム再発防止活動がされるのは当たり前ですが、お客様から喜ばれたり、感謝されたりした声を皆で共有し、さらに喜んでもらえるサービスを工夫しようと言う改善活動は、あまりされていません。

改善活動は気を付けないと、ダメなところばかりに焦点を当てがちになる危険性が隠れているのです。うまく行っているところにも焦点を当て、なぜうまく行っているのかの主要要因を見出し、皆で共有化すれば、笑顔は間違いありません。私たちは、「目立つものしか認識しない傾向が有る」ことを忘れないで、日々、楽しい会議や活動にしていきましょう。

2.「原因と結果の法則」を活用する

ある出来事や相手の態度など、例えば、リーダーから怒られたり、バカにされたり、頑張ったのに目標が達成できなかったような時、不快な感情が生じたり、自信を失ったりするのは、相手の態度や成果が出なかったことが原因でしょうか。

実は、そうではなくて、ある出来事や相手の態度に対して、私たちが持っている否定的な「受け止め方」が原因で、不快な感情が生じたり、やる気がなくなったりする結果を引き起こしているのです。

でも、つい私たちは、私たちの感情に影響を及ぼすという結果を生むのは、自分たちの「受け止め方」が原因だと考えないで、悩みの原因は起った「出来事」にあると考えがちです。人のせいにする、不況のせいにする、病気のせいにするなどは、他責の考え方です。

「働きがいのある会社」第一位にもなったことがあるワークスアプリケーションズは、ワークスウェイとして「誰かの〜」「何かの〜」「時間の〜」という周囲の条件のせいにすることを「他責」と定義し、やってはならない行動としています。

残念ながら、私は、30代前半まで何の疑問も持たずに、他責の考え方を持っていました。

でも、この考え方をしていると、周囲に振り回されたり、運が悪いと嘆いたりする不幸な人生を創ってしまうことに気付くことが出来たのです。思うようにいかない出来事や、自分が置かれている状況という縁に対して、否定的な「受け止め方」を止め、肯定的な「受け止め方」をするならば、日々、幸せに暮らせることを教えてもらうことが出来たのです。

お勧めの考え方は、先の図のように、起こった出来事や状況を原因と考えるのではなく、それは、縁なのだと考え、起こった出来事や状況に対する自分の受け止め方が原因で、泣いたり、笑ったり、感謝したり、恨んだりという結果を生むのだという考え方です。

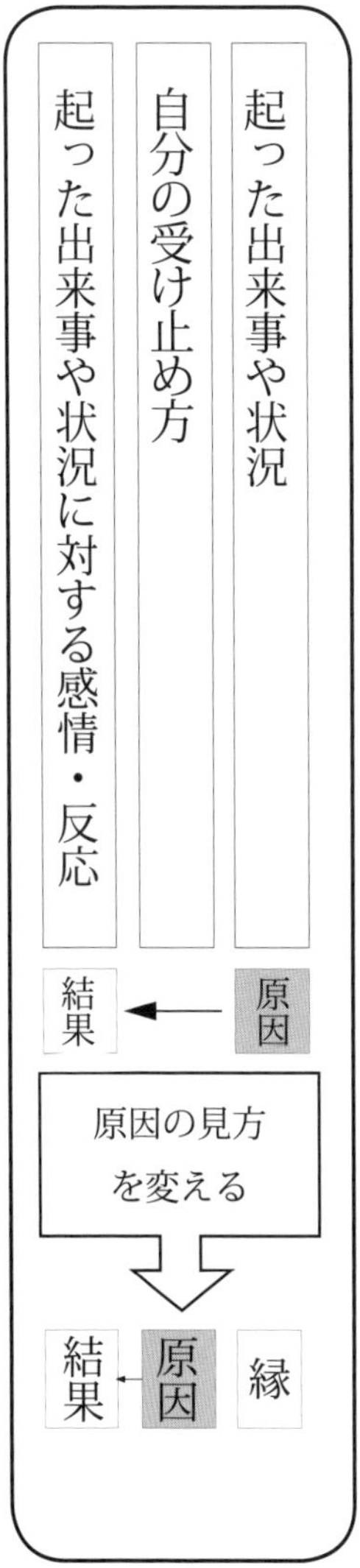

私の体験をお話しします。

37歳で脱サラして自営業をスタートした時、私が置かれていた状況は、講師の仕事は殆んどありませんでした。つい感情として不安な気持ちになってしまいました。

なぜなら、「仕事が無いんじゃ、これからやっていけないなぁ」という受け止め方をしたからです。そんな時、受け止め方を変えれば、人生がハッピーになると教えてもらったのです。

そこで、即考えてみました。「仕事がないということは、一流の講師になるために学ぶ時間がとれるということだ」、「まだ講師としての実力が無いのに、仕事の依頼が来たのでは、むしろ、信用を失うリスクがある」と。とたんに私の感情は変わりました。「これからが楽しみだな」と。

仕事がない。収入が無いという、置かれている状況は変わっていないのに、気持ちは、随分、前向きになりました。

「人生の幸・不幸は、心一つの置き所」という中村天風師の言葉を体験した次第です。

「原因と結果の法則」の使い方として、もう一つ、お勧めしたいことは、事前に「どんな結果を望ましい姿」として、自分は選択しておくか、ということです。

誰が見ても、辛い、苦しいと思える出来事や状況が起ころうが、自分は「嘆き悲しみの人生」ではなく、「喜び楽しみの人生」を生きると決心覚悟しておくことです。

例えば、「信頼している人に裏切られた」時でも、「喜び楽しみの人

生」を生きると決心覚悟しているなら、「確かに、辛いことが起きたが、もう引きずらない。自分は、絶対に自分を信頼している人を裏切らない覚悟ができた」と前向きに生きていくことが出来ることでしょう。

◆「受け止め方」を変えてハッピーになる練習

では、受け止め方の練習をしてみましょう。

> ～長嶋さんの事例～
>
> 私は、仕事を初めて5年になります。新人の頃は、業務目標が低かったので、何とかなったのですが、最近は、もう経験を積んだんだからと言われ、高い目標がノルマです。ろくに、ちゃんと教育も受けていないのに、やってられません。

右記の「長嶋さんの事例」を、原因と結果の法則の「起った出来事や状況」、「受け止め方」、「起った出来事や状況に対する感情・反応」ごとに整理してみるとこうなります。

【起った出来事や状況】
高い目標がノルマとして与えられた。
【自分の受け止め方】
ろくに、ちゃんと教育も受けていないから、無理だ。
【起った出来事や状況に対する感情・反応】
やってられない、とふて腐れている。

このように、長嶋さんは、高い目標が与えられたことに対して、否定的な受け止め方をしたことで、ふて腐れてしまっています。一方、肯定的な受け止め方をして、やる気が出るケースです。

〜山﨑さんの事例〜

私は、仕事を初めて5年になります。新人の頃は、業務目標が低かったので、何とかなったのですが、最近は、もう経験を積んだんだからと言われ、高い目標がノルマです。期待されることは嬉しいですし、目標を達成するためには、自ら創意工夫する必要が出てきます。成長するチャンスでもあります。これからが、とても楽しみです。

「山﨑さんの事例」を「原因と結果の法則」に当てはめてみると

【起った出来事や状況】
高い目標がノルマとして与えられた。
【自分の受け止め方】
期待されている・成長するチャンスだ。
【起った出来事や状況に対する感情・反応】
楽しみだ。ようし、やるぞ。

「山﨑さんの事例」は、「起った出来事や状況」は、同じなのに、「期待されている・成長するチャンス」という肯定的な「受け止め方」をすることで、「起った出来事や状況に対する感情・反応」が、「これからが、とても楽しみです。」と長嶋さんと全く違っています。

ポジティブな職場風土を形成する上で、欠かすことができない意識改革です。

3. 個人の行動に影響を与える環境を点検しよう

最強で「幸せな職場」を実現するためには、メンバーが働く環境、特にポジティブな職場風土を醸成していくことが重要だということが分かっていただけたことと思います。

◆メンバーの行動・態度に最も影響を与える環境とはリーダーの存在

皆さまの周囲でもこんなケースが無かったでしょうか。

「若いメンバーが中々育たないので、なんとかしたい」と「ＯＪＴリーダー養成研修」を受講いただいた社員十数人の会社の社長さんからいただいたメールをご紹介いたします。「リーダーが変われば、社員は変わる」、つまり、メンバーにとって、最大の影響を与える環境である経営者やリーダーが、考え方・行動・態度を良い方向に変えることで、メンバーも良い方向に変わるという事例です。

《経営トップから届いたメール》

石橋先生、研修の成果が出ました。研修後、朝礼で、職場は人間形成・人間成長の場だということ、なにげなく発する言葉や思いが自分や周囲にプラスにもマイナスにも影響することを話しました。昨日は、社内の月例ミーティングの後、私を含め３人で食事をしながら（お酒なし）、経営トップの変なプライドを捨て、自分の弱さをさらけ出し、若い時の失敗談を語ったことをキッカケに、メンバーが抱えている問題を話してもらったりした結果、メンバーから送られてきたメールをご報告させていただきます。

『昨日はご馳走様でした。社長の普段と違う一面がわかり、とてもよい時間でした。皆も交えて継続したらいいと思います。明日から新たな気持ちで出社します。』

彼はいつも9時ぎりぎりに出社するのですが、今朝は8時半には出社していました。私が出社すると、生き生きと顔が輝いていました。今日の仕事ぶりも前向きで、素晴らしいものがありました。人間って、こんなに変わるものなのでしょうか？ 石橋先生！有り難うございます。まだまだ、これから、全メンバーと取り組んで行くスタートですが、少しの自信から確信に変わってきました。

人間の行動・態度は、基本的には個人の人格（性格・考え方）や、その時の感情などによって決定されるわけですが、周囲の言動や職場の風土などの環境に影響を受けるのです。

環境の中でも、設備や仕組み・制度など目に見える環境より、職場の雰囲気や人間関係、また暗黙の掟のような目に見えない職場風土というものが、個人の行動に強い影響を与えているようです。

皆さまの職場で、「せっかくの仕組み・制度が、有効活用されなかったり、ルールが守られない」といったことが起きていないでしょうか。その主たる原因は、経営者・職場のリーダーという存在が、メンバーにマイナスの強い影響を与えている可能性があることを忘れないことです。

◆仕組みが機能しにくい職場と機能しやすい職場

個人の行動に影響を与える環境はいわば氷山のようなものであり、価値観や信念は、水面下に沈んだままで、目に見えるのは、人事制度のような仕組み、慣例や実践、行動などの部分です。この見えない水面下の職場風土を、良い影響を与えるものに変えていくことが重要なテーマとなります。

仕組みが機能しにくい職場・・・お互いに、職場のメンバー同士やお客様に対して無関心なため、周囲への貢献意欲が低い職場です。

仕組みが機能しやすい職場・・・お互いに、職場のメンバー同士やお客様に関心があるため、周囲への貢献意欲が高い職場です。

いくら時間とお金をかけて、職場の仕組みを作っても、「仕組みを動かしたい」と前向きに考える職場の人間関係が醸成される職場風土が無くては無駄に終わってしまいます。どうか、働くメンバーが笑顔になれるポジティブな職場の風土を育んでまいりましょう。

【職場の機能】

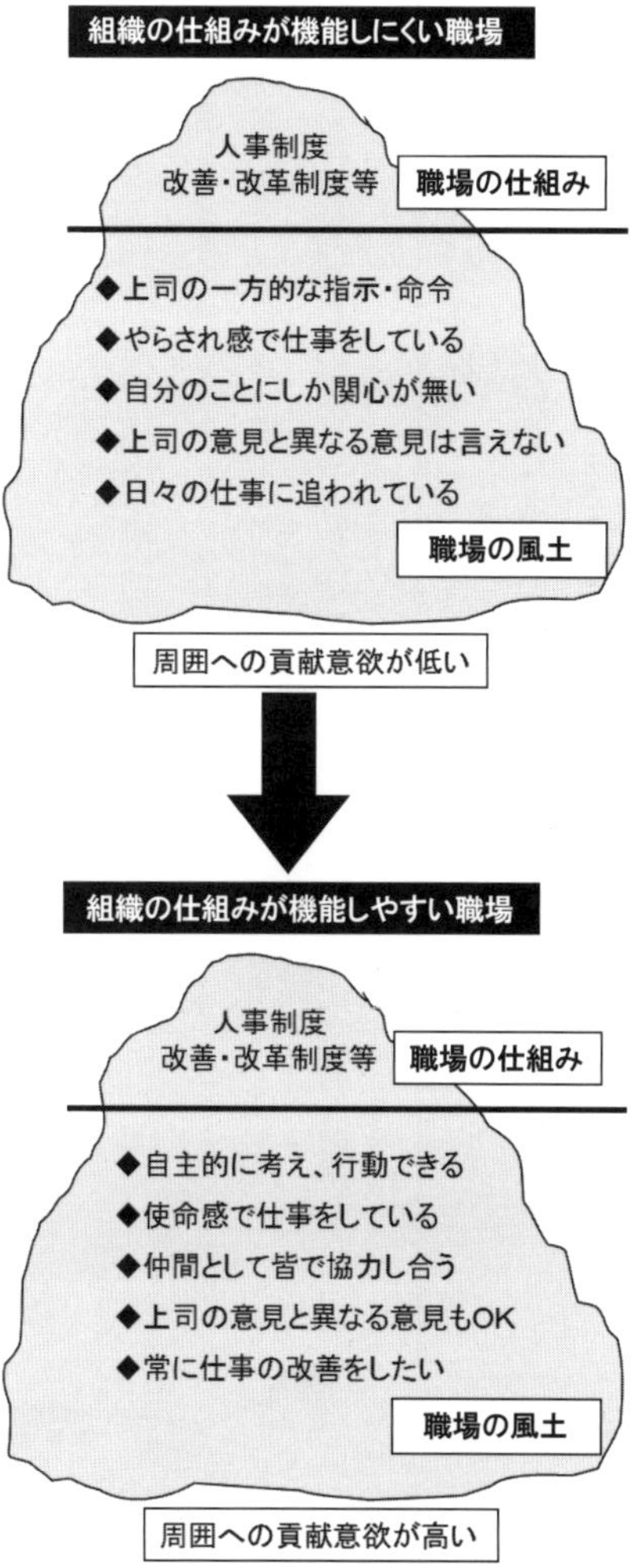

◆本田技研工業が掲げる職場の風土

本田技研工業は、目指す企業風土の一つとして、「自由闊達さ」を掲げています。

社内で、ワイワイ・ガヤガヤ話し合う場から名付けられた「ワイガヤ・ミーティング」が奨励されています。さらには、人事方針として、「幹部と自由に論議する権利を与えること」が掲げられています。「自由なる論議が何らのこだわりもなく、常に自由に行われるように部下達に保証しておくことは、監督者の任務であると同時に諸君をより偉大にするものと考える」と。

もう一つ取り上げたい本田技研工業が目指している企業風土が、「チャレンジ精神」です。最近、車、バイクのメーカーだと思われていたホンダが、1986年からスタートした小型ジェット機の開発に成功したことを皆さまもご存じだと思います。航空機設計の常識を見直すことから始めた、十分な広さと優れた乗り心地を独自の技術で実現できたコンパクトで軽い小型ビジネスジェットです。

本田宗一郎さんの夢でもありましたが、ジェット機の開発を30年かけて開発し続けてきたチャレンジ精神に脱帽です。失敗の連続だったことでしょう。「99％の失敗があって、初めて1％の成功がある」という本田宗一郎さんの想いが、ホンダ社内の「失敗表彰制度」に繋がっています。

皆さんの職場では、どんな風土を大切にしていますか?

コンサル先の企業の皆さんに、「どんな職場の風土にしたいですか」と問いかけ、ポストイットに書いてもらいました。

その中から代表的なものをピックアップしてみると、次の7つになりました。

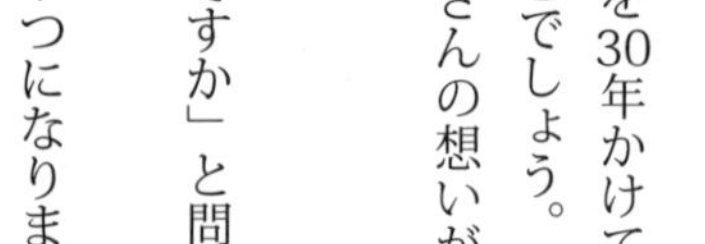

①自由闊達にものが言える。
②失敗を認めるチャレンジ精神にあふれている。
③自分たちで判断して行動できる主体性（エンパワーメント）が認められている。

④お互いに仲間のために助け合い、協働し合っている。
⑤「儲けのためなら手段を選ばず」ではなく、倫理性を大切にしている。
⑥仕事の楽しさとやりがい、誇りを持てている。
⑦お互いの知識・技術・経験を学びあっている（学習する組織）。

経営理念だけではなく、理想の職場風土を掲げて、実現してまいりましょう。

◆ウォルト・ディズニー・カンパニーが掲げる職場の風土

職場の風土というと思い出すのが、カリフォルニア州にあるディズニー・ワールドへ研修旅行に行った時のことです。特に、訪問したとき学んだ当時の最高経営責任者であったマイケル・アイズナースさんの「ディズニーの組織風土を維持していくことが、私の最も高い優先順位である」という言葉です。考えさせられました。どれだけの企業トップがそのことに気付いているだろうかと。

そこで学んだディズニーの風土は、「夢、感動、喜び、やすらぎ」のハピネスを提供し続け、常に新たな感動をゲストに創造し続けるために、「自由でみずみずしい発想」が生まれ続ける風土、褒め合い、男女の分け隔てがない、人の喜びを自分の喜びと感じる風土でした。

そして、ディズニーの風土を維持するための方針は、以下の５つでした。

①価値観を共有する。（正直・完全性・敬意・勇気・バランス・開放性・多様性）
②ファンタジックな言葉とシンボルを大切にする。
③サービス基準（安全性・顧客への礼節・ショー・効率性）を行動に活かす。
④受け継がれてきた財産と伝統を大切にする。
⑤リラックスした態度で振る舞う。

◆魅力ある人材が人財に育つ環境づくり

この職場風土（Culture）をベースに、キャストの育成の環境づくりを次のように取り組んでいます。

①採用時の慎重な選抜（Selection）：採用に応募してきた人に対して、現場で働く先輩キャストの姿「キャストへの期待」をビデオで見せて判断してもらう。

②訓練（Training）：採用後、まず、ビデオを使って、ディズニーの遺産・歴史・現在・未来について、「ディズニーの伝統」と言う名の研修が行われ、その後、リーダーのもと、職場での実習が行われます。その際、自分の興味・適性に合ったキャリア選択が可能です。

③対話（Communication）：キャストから定期的に要望、不満の

声を聞いています。

④配慮（Care）：キャスト同士がゲストに接するように、配慮し合うことが奨励されています。

第2章

「協働し合う関係を創る」秘訣

第2の秘訣は、「協働し合う関係づくり」です。

「協働し合う関係」とは、どのような関係を言うのでしょうか?

私が考える「協働し合う関係」とは、メンバーが喜んで協力して働きたくなる職場です。

皆さんの職場は、望ましい「協働し合う関係づくり」がどの位、出来ているでしょうか。

出来ている項目にはチェックを入れてみてください。

□お互いの貢献や成長を認め合っている。
□皆が、他のメンバーや他部署の取り組みに関心を持っている。
□個人目標を達成すると共に、他のメンバーの目標達成を応援し合う。
□成果を上げられないメンバーのことを、皆が知恵を出し合い、協力し合っている。
□互いの不得手な部分をカバーして、補完し合っている。
□他のメンバーの協力が欲しい場面でも、遠慮することなく頼める。

もし、チェックが付かない項目があるなら、今から「協働し合う関係づくり」をスタートさせましょう。

1. 協働し合う関係は相互理解から生まれる

聖徳太子の「憲法十七条」にある「和をもって貴しとなす」という言葉を、「協働し合う関係づくり」の最初に取り上げることにいたします。

当時、神道と仏教の対立が露わになっていた時代背景を考えると、「和」とは、異なる意見を尊重しながら、とことん自由闊達に話合うことで、合意形成を図れる関係づくりを意味しているのではないでしょうか。「和」を前提に、「協働し合う関係」を創ってまいりましょう。

◆無関心と言う壁を壊す

実は、「協働し合う関係づくり」の最大の壁とは、メンバーがお互いに無関心であることです。今、社会全体にこの傾向が強くなっていることを感じます。しかし、「協働しろ」とリーダーが命令することでは意味がありません。メンバー同士が「協働したい」からそのように行動するという職場にしていきましょう。

では、無関心という壁を壊すには、どうしたらよいでしょうか？

そのために効果的な方法が、メンバー間の相互理解を深め合うということなのです。そして、相互理解から、相手への貢献意欲が生まれ、助け合い、補完し合う関係につながっていきます。

さらに、貢献し合うことで、自分たちが価値ある存在であることが自覚でき、職場の他のメンバーからもそう思ってもらえていることを実感できるようになります。素晴らしいですね。絆が生まれると言いかえることもできます。

◆メンバーに恐怖心を与えることはやめよう

そして、「協働し合う関係」を考える上で、忘れることができない言葉が、QC（品質管理）サークルの生みの親であるデミング博士の教えの中にある「全員が会社のために効果的に働けるように、恐怖心を取り除くこと」という教えです。恐怖心とは、会社やリーダーの都合で方針や目標の必達をノルマとして与え、やれなかった時には、ダメ出しや罰を与えることです。

デミング博士の説く「目標による経営をやめること。数値目標による管理をやめること。リーダーシップで置きかえること。リーダーシップとは、働く人々や設備・装置が、よりベストな仕事をするのを助けることである」（出典：ジョイ・オブ・ワーク／日経BP社）から見えてくることは、「メンバーを管理することが、リーダーシップの役割である」という勘違いが、メンバーに恐怖心を生じさせている可能性があることを警告しているのではないでしょうか。

改善活動が「ジョイ・オブ・ワーク（楽しい仕事）だ」とデミ

ング博士が言われたことは、やらされ感の強いQCサークル活動の取り組み姿勢を総点検しなくては、と思わざるを得ません。

◆一緒に働いているのは他人ではなく、親しい友達という意識

デミング博士のリーダーシップに対する考え方は、サウスウエスト航空のハーブ・ケレハーさんによって、ものの見事に具現化されました。さらに、そのリーダーシップ・スタイルは、ハーブ・ケレハーさん個人のカリスマ性の枠を離れ、職場のメンバー一人ひとりの心に根付いているようです。

「一緒に働いているのは、他人ではなく、親しい友達」という意識なんですね。「いつも、お互いが仲間意識で結ばれているんだ」「自分がやってもらいたい事をしてあげているだけです」とサラリと語る彼らに、心が通い合う関係を感じます。

私が、サラリーマン時代、課長職にあった時のことを考えると、とても恥ずかしくて、デミング博士やハーブ・ケレハーさんに顔向けできません。職場での愛とは、相手に関心を持つことであり、相手のために何か貢献したいと言う思いやりの心なのに・・・。

◆誰とバスに乗るか

サウスウエスト航空の採用基準をご存知でしょうか。２つの基準です。

①こんな「職場にしたい、自分になりたい」という理想を持っている人
②人のために働くことに大きな喜びを感じる利他的な人

その人の態度を見て雇い、技術は後で習得させるのです。人間性・価値感が採用基準です。

皆さんの職場の採用基準はどんなものですか。

さあ、あなたは、「理想も無く、自分の都合しか考えない人たち」と同じバスに乗りたいですか、それとも、「理想に燃え、思いやりに溢れた人たち」と同じバスに乗りたいですか。

私は、「理想に燃え、思いやりに溢れた人たち」と同じバスに乗りたいですから、まずは、「自分自身が理想に燃え、思いやりに溢れているか」、いつも、問いかけ続けることにしています。

その最初の一歩は、理想の人物像を持ち、「どんな職場で働きたいか」という理想の職場像をもてるようにするということです。

◆理想の人物像

以前、独立行政法人中小企業基盤整備機構が、全国中小企業団体中央会から委託を受け実施した合宿型基礎力養成研修事業「新・若者挑戦塾」がありました。この塾は、厳しい雇用情勢下、求職者（既卒）の方を対象として、社会人としての基礎力、ならびに中小企業に関する実践的な

知識、受講生自身の得意分野の発見・スキルアップ等を図るための実践的なセミナーを合宿型（中小企業大学校）で行うことで、再就職を支援しようとするものでした。

私も、講師の一人として、関わらせていただきました。

さて、新・若者挑戦塾が考える人物像は、以下の通りです。

皆さんの会社の採用基準と比べてどうですか。

・「気づく」「考える」「行動する」というサイクルを繰り返し出来る自律型人材
・チームで働くことを楽しみ、成果を上げることの出来る人材
・志（夢）を持って企業へ就職し、企業とともに育ちたいと思える人材
・自分のトンガリ（得意技・得意分野）の発見と習得を志向する人材

私が受講者の皆さんに追加で提案した人物像は、

・人のために働くことに大きな喜びを感じる人材

ぜひ、一緒に働きたい人材像のモデルとして、ご自身の成長目標として活用されることをお勧めします。

私が担当した新・若者挑戦塾の講座は、第1ステージのテーマ「自己革新（自分を見つめる・企業が求める自律型人材）」ですから、受講者の皆さんが、これらの人物像を目指したいと思っ

てもらえるようにするのが私の役割です。講師として、気を付けたのは、「あるべき姿」を提示するのではなく、受講者の皆さんが、「ありたい姿」が持てるようにすることです。

ここで、受講者の皆さんからいただいたメッセージをご紹介させてもらいます。

★先生からご指導いただいた2日間は私の生涯の宝となっています。鏡を見る度に自分を誉めるように意識し、常にプラス思考で物を考えるようにしています。

★「人の役に立つ」という考え方にはハッとさせられました。「人の役に立つ」ということを主軸にものを考えると、今までの自分とは違った選択肢が出てくる気がして、何か期待しております。

★人生で一番いままでの自分を振り返り、後悔し、それでも未来に向けて希望を持てたきっかけになる二日間になりました。いままで自分は人を裏切ってしまうようなことをしてきましたし、本気で物事に取り込む姿勢が弱く、かつ他律的な人間だったと思います。そのことに気づかせて頂けたこと、改善していく方法を教わったことを心から幸せに思っています。行動に移し、世の中に役に立つ人間になります。

この皆さんの声で分かるように、誰もが「どんな自分になりたいのか」、自分の理想像をもてるようになった時、とても前向きな気持ちになれるのです。私の役割は、私の体験や実在の人物モデルをご紹介することを通して、「こんな自分になりたい」と思える情報を提供することです。

そして、そうなれた時の成功イメージと喜びを疑似体験してもらう場を提供することです。

◆どんな職場で働きたいか

若い人たちに聞いてみると、こんな答えが返ってきます。

- ・自分の周囲の先輩やリーダーが、自分のことを気にかけてくれている。
- ・自分は周囲の先輩やリーダー、お客様から必要とされている。
- ・自分は周囲の先輩やリーダー、お客様に貢献できている。
- ・確実に、成長できていると実感がもてる。
- ・何でも相談できる関係がある。
- ・自分の能力・個性を活かせる場がある。
- ・どこでも通用する専門技能を身につけられる。
- ・仕事が面白いと思える。

皆さんも、「どんな職場で働きたいか」、ぜひ、職場でメンバーに聞いてみませんか。

どんな職場にしたいのか、メンバーと話し合い、合意する取り組みは、第4章で改めて取り上げることにいたします。

それでは、「協働し合う関係」を創る具体的な取り組み方法を紹介します。

2. 貢献意欲を育む「パーソナル・ミーティング」を開催しよう

では、無関心という壁を壊し、「協働したい」関係を創るには、どうしたらよいでしょうか？

その方法の一つが、「パーソナル・ミーティング」です。

「パーソナル・ミーティング」とは、肩書きや部署の立場を離れて、個人的なことを話し合う場です。互いの背景を理解することで、相互理解が深まります。

実は、不思議なことに、「相互理解が深まると、相手への貢献意欲が生まれ、助け合い、補完し合う関係づくりに繋がって行く」のです。人間が、社会という関係性のなかで生きて行く社会的動物と言われる理由が納得できます。

◆パーソナル・ミーティングの効果

実話を基にした「タイタンズを忘れない」というアメリカ映画があります。舞台は、南部のヴァージニア州アレクサンドリアです。

特に観ていただきたいシーンがあります。黒人と白人の混成アメフト・チーム（ハイスクール）が合宿に行った場面です。生徒達はバスで出発します。だが偏見はなかなか消えず、事あるたびに激しい対立が起きます。ほとんどの生徒たちは、食事をする時も、白人と黒人が同席することもありませんでした。そんな中、お互いの家族のことや自分の趣味などの話し合う事を通して、心を通わせ合う仲間の関係に変わって行きます。

朝礼時や昼休み、会議の初めに、時には、下の写真のように、夜の時間を使ってぜひ、「パーソナル・ミーティング」に取り組んでみませんか。

◆パーソナル・ミーティングのルール

①肩書きで呼ばずに「～さん」と呼ぶ。
②その場面が聴いている人に伝わるように、映像的に語る。
③聴く人は、語っている相手の話を批判しない。
④聴く人は、より相手を知る、理解するために質問をする。
⑤業務の話はしない。人間性が分かり合えるテーマにする。

◆パーソナル・ミーティングのテーマ例

・最近、楽しかったことや嬉しかったことを語り合う。
・お互いの魅力、長所、持ち味を語り合う。
・お互いが、貢献しているところを語り合う。

夜の時間を使ったパーソナル
ミーティング

・今の元気度とその理由を語り合う。
・お互いに、やってほしいこと、やめてほしいことを語り合う。
・お互いが抱えている問題を語り合う。
・相手の成長を願って、こうあって欲しいと思うところをプレゼントし合う。
・今までの人生で、失敗から学んだ体験を語り合う。
・今までの人生で最もうれしかった体験を語り合う。
・お互いの夢を語り合う。
・将来の自分はどのようになっていたいか、語り合う。
・どんな時に仕事にやりがいを感じるか、語り合う。
・今までの出会いの中で、大切な出会いだと思う人との出会いを語り合う。

3. ポジティブ・ストロークで心の栄養を与え合おう

私たちの身体は水や食べものを補給することで生命を維持しています。同様に、心にも人との「ふれあい」を欠かすことができません。この人との出会いにおいて「相手の存在を認める言動や態度」のことを交流分析心理学ではストロークと呼んでいます。

幼児期に、もし十分なストロークが得られないと言語能力や情緒的な面だけではなく、運動能力や肉体的な面でも著しく成長が阻害される事例が報告されています。まさにストロークは、心の栄養と言ってもよいでしょう。ストロークには、「肉体的ストローク」と「心理的ストローク」があります。

皆さんの職場や家庭では、これらストロークのプレゼントがされているでしょうか。

■肉体的プラスのストローク
タッチする。握手する。抱き合う。肩に触れる。さする。マッサージする。
■心理的プラスのストローク
挨拶する。褒める。感謝する。美点を伝える。相談する。ねぎらう。うなずく。微笑む。拍手する。傾聴する。成果や成長を認める。

最近、サッカー・野球など、チーム・プレイの試合を見ていると、点が入った時やゴールが決まった時、試合に勝った時など、当たり前のように、ハイタッチや抱き合うシーンを見かけるようになりました。

職場では、どうでしょう。

朝一番の朝礼時に、朝の挨拶と共に握手から始めませんか。契約が取れたり、注文が入ったときなどは、拍手やハイタッチをして、一緒に喜び合いませんか。無表情、無反応で、下を向いたままの会議ではなく、せめて、話をする相手に目を向け、うなずいて聞きませんか。

家族では、どうでしょう。

夫婦間で、きちんと、プラスのストロークを交換しながら、相手の話を聞こうとしているでしょうか。子供たちに対しては、どうでしょうか。一方的に、親として言いたい事だけ言っていることはないでしょうか。親として、子供が小さい頃までは、いつも愛情込めて抱きしめているでしょうか。夫婦同士でも、幾つになっても、いつも愛情込めて抱きしめ合ったり、感謝し合ったりしているでしょうか。職場でも、家庭でも、プラスのストロークが溢れた場にしていきたいですね。

では、私たちは、日頃どの程度、プラスのストロークを周囲の人に与えているか、そして、逆に相手から与えられているかを点検してみましょう。

【ストローク交換】

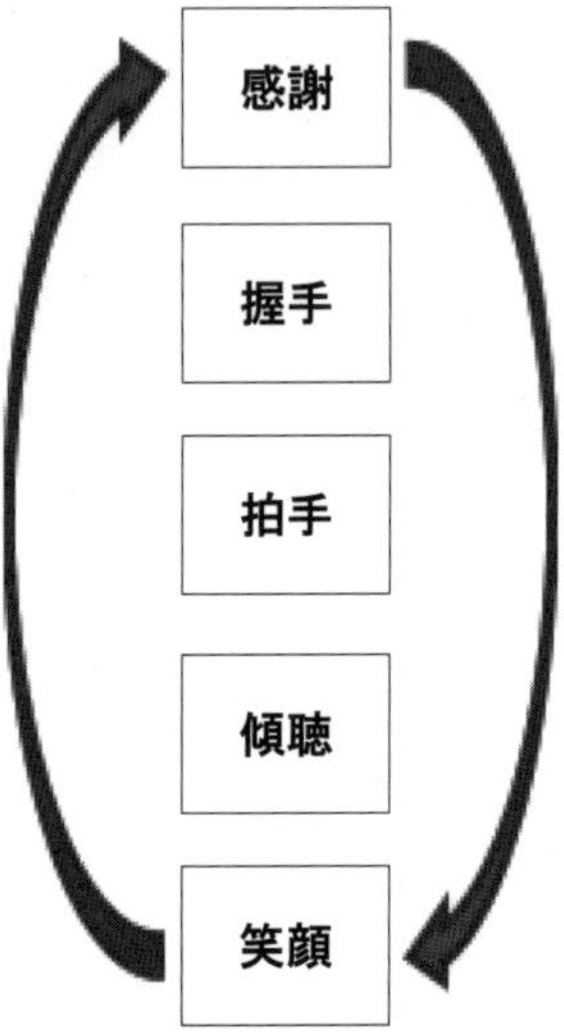

まず、真ん中の「私」の欄にあなたの名前を書いて下さい。

次に、あなたがよく会ったり、電話したりする人たちの名前を書いて下さい。そして、あなたが与えているプラスのストロークの程度を示すために、名前の左側のカッコの「与」の欄に、よく与えている人には○を、時々の人には△を、ほとんど与えていない人には×を記入して下さい。

今度は、あなた自身が、その人たちから、どの程度のプラスのストロークを受け取っているかを、右側のカッコ「受」の欄に記入して下さい。よく受け取っている人には○を、時々の人には△を、ほとんど受け取っていない人には×を記入して下さい。どうでしたか、ストロークの交換が人間関係に大きな影響を与えていることを、分かっていただけましたでしょうか。

与	リーダー	受

与	友人	受

【ストロークの受与】

私

〔　　〕

与	家族	受

与	同僚・後輩	受

◆「お金の報酬」と「褒めの報酬」は本能が求めるもの

さらに、最近の脳の研究（自然科学研究機構）で、人間は、「お金を得た時と人に褒められた時」と反応する脳の部位（線条帯）が同じだということが発見されました。相手の存在を認める言動であるストロークや褒めの報酬を、お互いにプレゼントし合いましょう。

その反対に、最も心が傷つく「いじめ」は、仲間から「無視される」ことだと言われています。私たちは、自分自身が「生きるに値する」素晴らしい存在なのだと思えるかどうかによって、生きる力に大きな影響を与えることになります。

私が、37歳で、講師として、何の経験も無いまま、会社を設立した時、誰も「大したもんだ」と褒めてくれる人はいませんでした。そこで、せめて、自分だけでも自分を褒めようと。鏡に映る自分に対して、「石橋さんは凄い。使命感だけで、自分を信じて創業するんだから」と褒めました。

【2つの報酬】

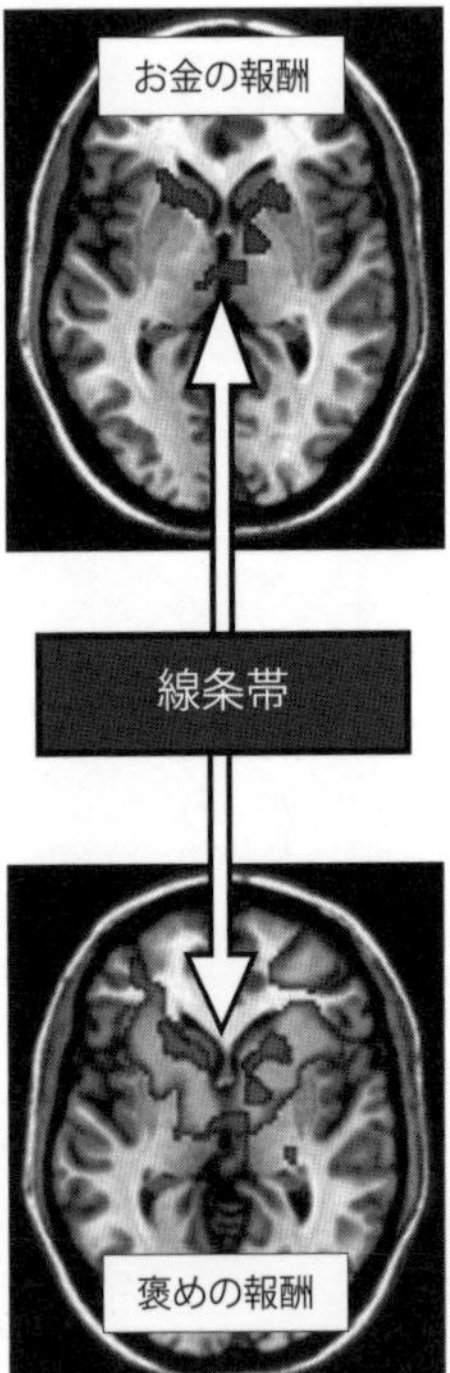

【出典：自然科学研究機構】

◆ディスカウントは止めよう

相手の存在を否定する言動であるディスカウントは、職場や家庭から追放しましょう。

①肉体的ディスカウント
なぐる。ける。突き飛ばす。モノをぶつける。監禁する。縛り付ける。
②心理的ディスカウント
おどす。皮肉を言う。いやみを言う。けなす。無視する。軽蔑する。

◆優しい虐待は止めよう

一般的には、パワーハラスメントとは、暴力や暴言などで直接メンバーを傷つけるものですが、一見、メンバーのためと思える指導、注意も過度にやり続けると、メンバーをがんじがらめにし、心を蝕んでいくのです。このケースを「やさしい虐待」と言います。

リーダーや親の与えた課題が難しすぎると、メンバーや子供は最初のうちは期待に応えようと頑張りますが、やがて「自分の能力ではそれに応えられない」と感じると、挫折してしまい、無気力な態度など不適切な行動をとることによって、その課題から逃れようとします。「与えた課題が難しすぎたために、メンバーや子供が挫折した」ということに気づかないリーダーや親は、「やる気がない」「意気地がない」「努力が足りない」などと批判してしまいがちです。リーダーや親は気付かない限り、よかれと思ってやり続けます。

皆さんの職場や家庭は大丈夫ですか？　メンバーの言動に関心を向けてください。

子育ての際も、子供の言動に関心を向けてください。

4. あるがままの自分を好きになるリフレーミング

リフレーミングとは、物事をある特定の視点、枠組みで捉えている場合に、その視点を変えたり、別の枠組みで捉えなおすことを言います。このリフレーミングの考え方を活用して、「俺、頑固だから、皆から嫌われるんだ」と自己否定しがちな習慣を見直して行きましょう。

◆欠点だと決めつけている性格・行動特性をリフレーミングした例

私たちは、つい自分の持ち味でもある性格を、周囲の影響もあり、「性格が悪いダメな奴だ」と考えてしまいがちです。行動を変えることは、時間をかけても習慣化すれば、変えられますが、性格は、持って生まれた資質的な側面もあり、変えにくいものです。

短所だと思っている性格をリフレーミングすることで、個性として活かしていきましょう。

性格をリフレーミングするとこんな風になります。

感情の起伏が激しい　→　表現力が豊か
思いつきでしゃべる　→　発想力が豊か
喜怒哀楽が少ない　→　思慮深い
世間を気にしすぎる　→　周りへの配慮がある
頑固者　→　意思が強い
優柔不断　→　融通性が高い
短気　→　決断力がある
おせっかい　→　他の人の役に立ちたい
質問が多くしつこい　→　知的好奇心が旺盛
マイナス思考　→　リスクを考える

私自身、すぐに「感情的になる」性格をダメだと思い込んでいましたが、サラリーマン人生に終止符を打ち、研修講師の仕事をスタートした時に、「感情的になる」ということは、「表現力がある」という私の持ち味になることに気付いたのです。「やった」です。

劣等感に苛まれる人生を終わりにしませんか。リフレーミングすることで人生が変わります。

第3章

「学習し合う関係を創る」秘訣

第3の秘訣は、「学習し合う関係づくり」です。

皆さんの職場は、望ましい「学習し合う関係づくり」がどの位、出来ているでしょうか。

出来ている項目にはチェックを入れてみてください。

□お互いに、日々の「うまく行ったこと」「行かなかったこと」を共有し、学び合おうとしている。
□結果オーライで終わらせず、なぜ上手く行ったのか話し合う場がある。
□お客様の声を意識して聴いて、仕事のやり方を見直している。
□お互いに、自分の美点や強さ、欠点や弱さをさらけ出している。
□お互いに、自分の抱える問題を出し合い、一緒に考えてもらえる場がある。
□自分の成功のノウハウを、喜んで他のメンバーに伝えている。

もし、チェックが付かない項目があるなら、今から「学習し合う関係づくり」をスタートさせましょう。

私は、研修講師を務める時に受講者の方々に「自己啓発に、どの位の時間と資金を自己投資していますか」とお聞きすることがあります。年間10万円を超える人は一割もおられないようです。考えられる理由としては、個人として成長したい、学習したいという動機が希薄だということではないでしょうか。「学習する職場」が成立する前提として、「学び続けたい」という動機がリーダー自身にも、メンバー自身にも持てるようにする必要があります。

個人として、「学び続けたい」という熱い思いと、職場として、メンバー個々の体験・知識・智恵をメンバー間で「学習し合いたい」という熱い思いを持てるようにすることが、リーダーの重要な役割と言えましょう。リーダーの皆さん、メンバーのやる気に火をつけるモチベーターになりましょう。

1.「学習し合う職場」が生み出す効果

「学習し合う職場」とは、お互いの知識や知恵を共有し、未来を創造する能力を絶えず高めようとしていく集団であり、個人と職場のビジョンを融合させている職場です。個人の成長が、職場の成長を促し、職場の成長が、個人の成長を促す関係が機能している職場でもあります。

◆バックマン・ラボラトリーズ社から学ぶ

「学習し合う職場」のモデルとして、アメリカ合衆国、テネシー州メンフィスに本社をおくバックマン・ラボラトリーズ社をご紹介いたします。世界20カ国以上に拠点があり、顧客である世界の多くの製紙会社から研究開発を受託しています。

この会社では、新しい研究開発のアイデアが浮かんだり、開発が上手く行かない時に、フォーラムというネット上の「広場」にアクセスするシステムが世界全拠点で実践されています。世界で働くスタッフは、国境、セクション、専門性を超えて自発的に、フォーラムというネット上の「広場」に集まり、新技術・新製品開発プロジェクト活動を行います。それぞれが自分の知識、経験をもちより、意見交換しながら「自らの意志で参加したプロジェクト」にさまざまな角度から貢献しようとします。その結果、バックマン・ラボラトリーズ社では、業界水準を遥かに超える画期的な新技術・新製品を産みだしています。同社では個人での高い研究成果よりも、フォーラムを通じてなされたチームとしての成果の方をより高く評価する制度をとっています。

◆なぜ、バックマン・ラボラトリーズ社の取り組みは広がらないのか

バックマン・ラボラトリーズ社のメンバーは、日々の仕事を抱えながらも、昇進よりも仲間からの賞賛にやりがいを感じるメンバーなのです。プロジェクトに貢献できることの方が、うれしいと言っています。職場の仲間で困っている人がいれば、喜んでお手伝いしたくなる関係ができているのです。仲間意識の高さに脱帽です。

皆さんの職場の人間関係はどうでしょうか。

残念ながら、多くの企業が形成している上意下達な企業風土では、せいぜい、研究成果の情報交換ぐらいでしょうか。

こんなことが実際にありました。

トップ営業マンが、「あなたの経験と能力を成績の悪いメンバーに伝えれば、他の営業マンも、みんな売れるようになりますね」と言われた時、「私のノウハウは、伝えたくないですね。トップ営業マンであり続けたいですし、売れないのは、本人の努力が足りないからですよ。私は教える気はないです」と答えたのです。残念な考え方です。しかし、この営業マン個人の問題ではなく、根っこにある職場そのものの経営課題なのです。

◆「学習し合う職場」の創り方

では、「学習し合う職場」づくりをスタートしましょう。

まずは、皆の知恵を結集したくなる動機をメンバーがもてる環境を創ることです。その動機の鍵を握るのが、自分が取り組む仕事を通して、お客様や職場の仲間にもっと喜んでもらいたいという気持ちです。医療の世界でも、「学習し合う職場」の考え方が始まっています。

「チーム医療」という名の下に、病院では、様々な職種のメディカルスタッフが連携・協働し、それぞれの専門スキルを発揮することで、入院中や外来通院中の患者様の生活の質の維持・向上の実現をサポートしています。知恵と経験の職場横断型のメカニズムです。

最近では塩谷泰一さんが、徳島県の県立病院の経営改善を図る中で、チーム医療を導入して成果を上げています。医師や介護士、薬剤師だけではなく、調理場のおばちゃまも参加して、栄養状態を改善することで、入院期間を短縮しようとする取り組みまで始まっています。

調理場のメンバーが、病棟を回り、患者様から、食事に関する声をお聞きすることを始めたのです。画期的なことです。その結果、食事のメニューを患者様が選べるようにしました。調理場では、仕事は増えましたが、やりがいがあると笑顔が返ってきます。

◆能力と人間力のバランスが人財力

学習とは、単に、知識や情報を集めることではなく、行動を起こす能力を高めることであり、ビジョンの実現に活かせなければ意味がありません。

学習することで高める人財力は、大別すると「能力＝業務遂行力・問題解決力」を高めることと、「人間力＝考え方・やる気」を高めることがあります。

今までの、「能力＝業務遂行力・問題解決力」中心の視点から、これからは、仕事へのやりがいや誇りといったメンバー満足度の向上を目指し、そのために不可欠な顧客満足を実現しようとする人材に必要な「人間力＝考え方・やる気」の視点も、バランスよく身につけることが大切になってきます。人材育成体系を組み立てて行くときに、ぜひ、考慮いただきたいものです。

◆能力＝業務遂行力の高め方（1）《準備ステップ》

業務遂行力を高めるステップとして、まず、業務の手順

【人財とは】

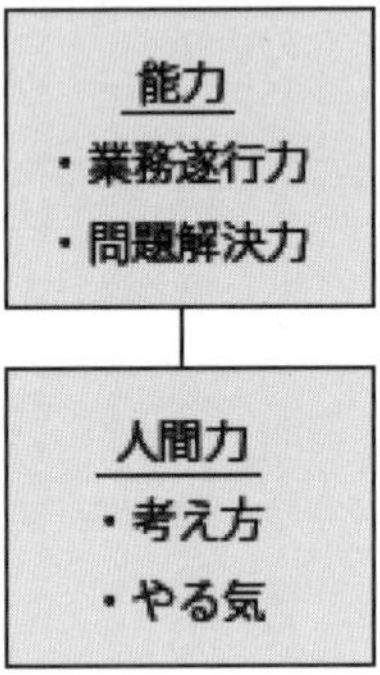

を整理し、業務マニュアルのもとになる業務分解シートを作成するところから始めましょう。

【個人と職場の成長体系】

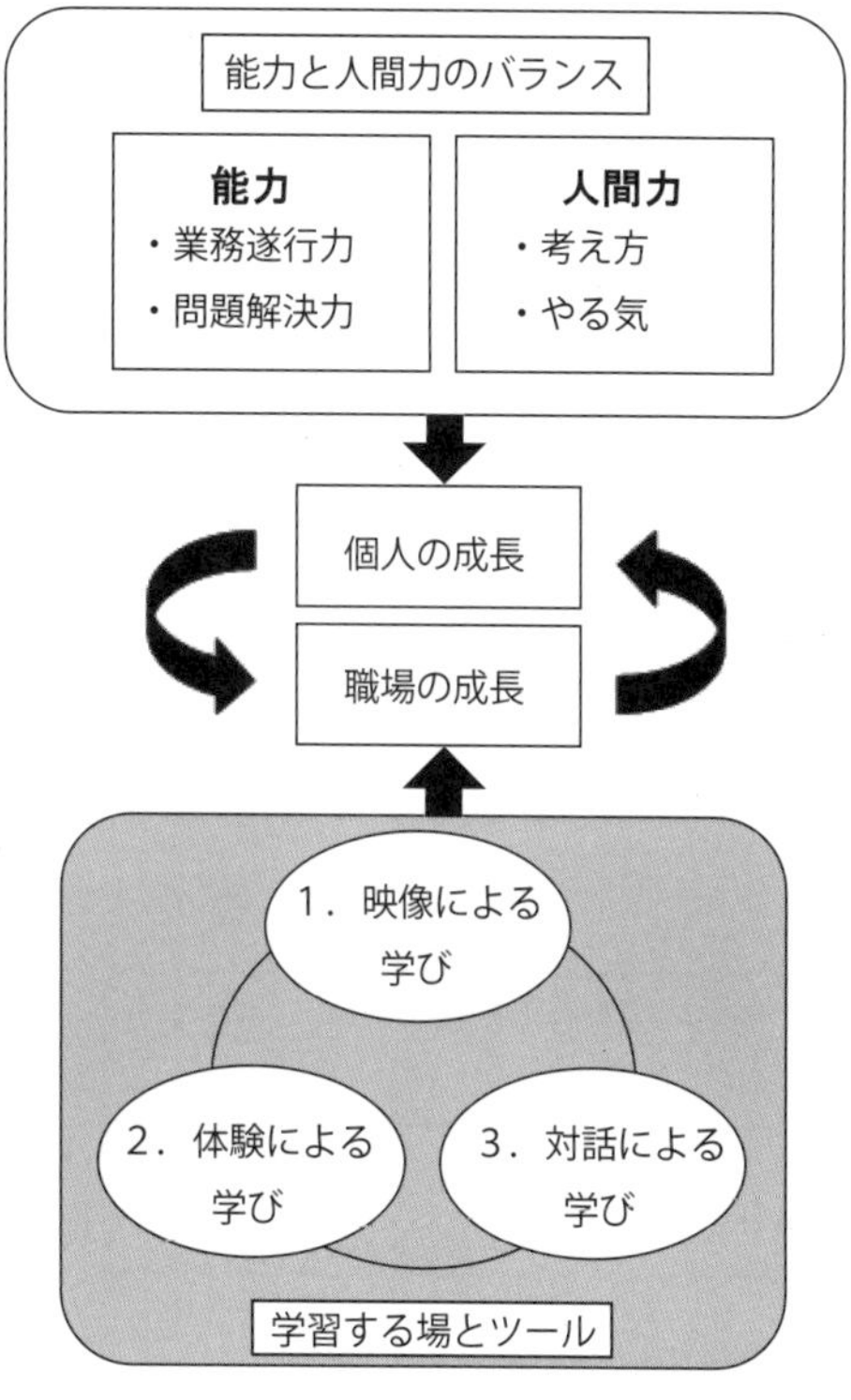

業務分解シート	
業務名　電話のかけ方	
部品・道具・材料　電話機　電話帳　メモ用紙　ボールペン	
主なステップ 仕事を進めるための主な手順	留意点 （1）仕事をうまくやるポイント （2）安全に作業するためのポイント （3）仕事をやりやすくするポイント
1. 電話帳で調べる	会社名・所属・氏名・電話番号を
2. 受話器をとる	メモを書く準備をして　左手でとる
3. ボタンを押す	電話帳を見ながら
4. 電話に出た人に挨拶し、 名乗る	「いつもお世話になっております」 「○○の○○と申します」
5. 呼び出してもらう	「恐れ入ります」と言って　相手の所属・ 名前・肩書きを告げる
6. 呼び出した人に名前を告げる	「○○の○○です」
7. 用件を話す	5W3Hで
8. 受話器を置く	「宜しくおねがいします」等と挨拶して、 相手が電話を切手から切る

（参考図書：仕事の教え方／（一社）雇用問題研究会）

A：業務手順を分解する（業務分解シートの作成）

①主なステップ（手順）を整理するときの注意事項

・主なステップとは、作業を進めるための主な作業手順のことです。
・社内でベストな成果を出しているメンバーの業務手順を、主なステップとして分解します。
・主なステップは、必ず実際に業務をやりながら決めて下さい。頭で想像しながら書くと、抜けが出たりすることがあります。
・業務を一区切りやってみて、そこで手を止め、今行ったことが主な業務手順に当たるかどうかを考え、できるだけ具体的に、動作を表現する言葉で書くようにします。例えば、「フタを開ける」、「フタを閉める」など。
・表現は、「○○を○○する」という動詞形で書きます。
・検査、点検、測定などが作業に含まれているときは、それを一つの主なステップとして取り上げましょう。

②留意点を決める場合の注意事項

・留意点とは、一つの主なステップを正しく行うためのカギに当たるところです。
・留意点にはいろいろありますが、最も重要なものから順にあげると、次の三つになります。

（a）仕事をうまくやるポイント
（b）安全に作業するためのポイント

（c）仕事をやりやすくするポイント

・主なステップが「何をするのか」に対し、留意点は「どのようにするのか」を整理したもの。

・抽象的な言葉（例えば、確実に、正確に、十分になど）は使わないようにします。

・否定型表現は避けましょう。例えば、「…しない」と記入するのではなく、具体的に「こうする」と表現します。

・言葉で表現しにくいこと、例えば、手ざわり、色合いなどの留意点は、かっこ書で（勘）、（比較）、（触れる）と記入しておきましょう。

・商談プロセスなどは、会話の事例も入れて作りましょう。もちろん、全ての事例を入れることはできません。代表的な重点顧客のケースを取り上げましょう。

・一つの主なステナップに、4つも5つも留意点があるようなら、その主なステップを分けた方が、覚えやすくなります。

・名人芸のような技術も、高いゴール目標としては、留意点に載せておきましょう。

B：仕事のやり方を教える環境を創る

実際に仕事を教える前に、左記の環境づくりをお願いします。

①リラックスした雰囲気づくり

リーダーや先輩から、ものを習うとき、緊張しがちですから、教えられるメンバーが、必要以上に緊張していると、脳が働かくなり、物事を習得することが困難になります。コチコチに固くなっていると動作もぎこちなくなって、普段の力も発揮できなくなります。それを平常の状態にほぐしてやることが必要です。

②何の業務をするかを話す

教えられるメンバーは、何をやらされるのか不安に思っていることが多いので、それを解消してやり、仕事に対する心構えを持たせます。ですから、業務の大筋を話したり、現物を見せてその業務の全ぼうを話すことが必要です。

③その業務について知っている程度を確かめる

中途採用の場合、教えられるメンバーが、既に知っていることを教えても時間や労力、資材のムダになります。逆に、当然、知っていると思って教えることを省略すると、ムリを相手に強いることになります。ですから、その業務について習得度を確かめることが必要です。

④作業を覚えたい気持ちにさせる

さらに、業務遂行能力を習得することの重要性や、期待されていることなどを話してやり、相手が「習得したい」という気持ちが持てるようにします。

C：仕事のやり方をやってみせる

相手が仕事をまともに行う能力を十分持っていないから指導しようとしているわけですから、まずトレーナーが教えようとする仕事について「やってみせる」ことから始まります。

①主なステップを1ステップ毎に言って聞かせて、やって見せる

主なステップとは主な仕事の手順のことで、動作を言葉で説明したものです。動作を見せながら、それを順序よく、手落ちなく、わかりやすく、1ステップ毎に説明して、やってみせれば、相手はそれを頭に入れやすいのです。覚えやすいようにメモしてもらいます。

②留意点を強調する

仕事の主なステップの手順がメンバーに分かってもらったら、次にその手順を正確に遂行していくために、特に心得ておくべき留意点を理解してもらう必要があります。この場合も、説明だけではなく、留意点の動作をしっかり示しながら、繰り返し説明し、やってみせることが大切です。

③理解できる能力以上に強いない

能力以上に強いれば、理解困難になります。能力以上に強い

たかどうかは、質問を促したり、顔色や態度などからも判断できます。

D：仕事のやり方をやってもらう

ほとんどの仕事は、頭で記憶し理解しただけでは遂行することはできません。知っていることと、やれることとは別です。ですから、やってみせた後、メンバーにやらせてみて、体で習得させることが必要です。

①やってもらい、間違いを直す

まずトレーナーが主なステップを言葉に出します。その後、メンバーに動作をやってもらい、間違いがあったらすぐ修正し、悪い癖が身につかないようにします。

②やってもらいながら、「主なステップ」を説明してもらう

「主なステップ」の手順は、業務手順を言葉で表現したものですから、動作ができれば手順は説明しやすいでしょう。それを言ってもらうことによって、手順を再確認させ、しっかり記憶させることにもなります。

③もう一度やってもらいながら、留意点を言ってもらう

再度、やってもらいながら、留意点を言ってもらい、留意点が、頭に整理されていることを確かめます。たとえ動作として正しく実行できていても、メンバーが留意点を意識してやっているのか否かは、識別できません。ですから、留意点を言ってもらう必要があるのです。

④理解したと分かるまで確かめる

メンバーが理解するまで確かめなさいという意味です。この確かめは、何度か言わせたり、やらせたりしているうちに、次の4つのことをメンバーが出来るようになったか、言えるようになったかを確かめるもので、その4つとは、「動作の正確さ」「主なステップの手順説明の正確さ」「留意点を漏れなく言える」「留意点の理由を漏れなく言える」のことです。

以上のうち、一つでもあいまいであるならば、指導確認を続けなければなりません。

E：教えたあとをフォローする

この段階は、教えっ放しでなく、独り立ち出来るまで面倒をみてやるということです。

①実際に仕事についてもらう

理解したと分かるまで確かめたならば、独り立ちさせて仕事につかせよ、ということで、それによって相手に依頼心を持たせず、責任感を持って仕事をやらせることができます。

②わからぬときに聞く人を決めておく

疑問がわいた時に聞く人を決めておけば、誰に聞いてよいのか迷うこともなく、いつも仕事を正しく上手に教えてくれる人から習うことができます。まずは、教えた自分に聞いてもらう。自分が、不在の場合は、代わりに質問できる人を決めておく。

③たびたび確認する

とかく仕事についた当初は、勘違い、不慣れなどが起きやすく、お客様からのクレームが来る前にこまめにやり方を見てやり、間違いが身につかぬうちに修正してやる必要があります。

それと、質問しやすい雰囲気をつくり、質問をしやすくしておく必要があります。

④だんだん指導を減らしていく

最後は、任せられるレベルに、独り立ち出来るようになってもらうことが目標ですから、お節介にならないことが大切です。このように、きちんと教えさえすれば、必ず相手は仕事を覚えてくれます。ですから、「メンバーが覚えていないのは、自分がきちんと教えなかったのだ」と考えるようにしたいものです。


私たちの社会には、経験のないメンバーに仕事を覚えてもらうとき、大変な誤解が今でもよく見受けられます。「業務遂行の能力」と「仕事を教える能力」は違うのです。

例えば、教える側が単に口で説明するだけで、教えたつもりになること。さらには、「見て覚えろ」、「仕事は先輩から盗め」などと平気で考えていることなどです。これでは、若手が自信を無くしたり、一人前になるまで、とても時間がかかってしまいます。

仕事を覚えてもらう基本中の基本である業務遂行能力を高めてもらうには、ＯＪＴリーダーの役割を与えたリーダーに対して、徹底した「仕事の教え方」の教育をお願いいたします。

◆能力＝問題解決力の高め方

問題解決力という能力を考える場合、まず「問題とは何か」を考えてみましょう。

問題とは、下の図のように、その仕事の目標に対して、現実がどうなっているかを観察し、その差を問題と捉えることにします。

問題は、次の3つのタイプに分けて考えてみることができます。

①限りなくゼロに近づくとOK。ゼロも可能。不良率など。
②ゼロにはならないが、ゼロに近づける。作業時間など。
③できるだけ多い方が良い。売上高・契約件数など。

問題発見力：問題を発見するために必要なのは、会話や資料などの情報を整理し、差異をつかみ取っていく能力です。まずは、目標を前提に、実績の情報をすばやく正確につかむことが求められます。

それと、個人で気付ける問題発見に頼るのではなく、メンバー全員で問題を次のような着眼点で検討し提起したいものです。

・自分の周囲に、やりにくい仕事はないか。
・仕事を遂行する上で、困っている点はないか。

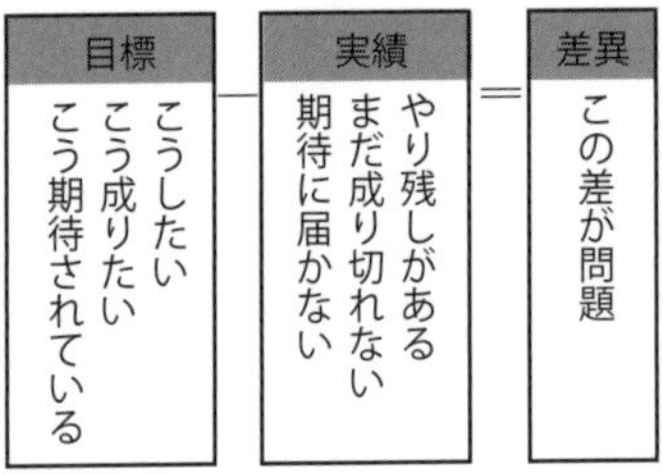

原因分析力：現象として顕れた問題の真の原因を分析する力です。問題が発生した背景にある原因の本質、背景にある実情をつかんでいく能力です。様々な情報を整理し、不足する情報を補いながら見えにくい関連性を発見しつつ、偏見や思い込みでない見方で真の原因を捉えることです。

問題解決立案力：真の原因に対し、効果的な対策を立案し、解決策を決定する能力です。問題解決のために具体的な対策を列挙し、制約条件を考慮しつつ、複数の利害関係者の立場を考慮した上で、実現可能な対策案の中から、最も適切なものを選択することが求められます。

実行力：どんなに良い解決策も、うまく行く保証はありません。勇気をもって決めた解決策に対して、周到な準備と必要な能力アップを図りながら、果断に実行に移す能力です。

◆人間力＝望ましい考え方「人生の指針」

人として活き活きと生きて行くことができる人間力として、私の名刺には、天地自然の法則を、「人生の指針」と銘打って載せています

最初の指針は「一体性」です。このことを忘れると、すぐに対立や争いが生まれ、部門間のセ

クショナリズムや離婚、いじめ、ひいては戦争の火種になってしまいます。忘れてはならない大切な指針です。

一体性

全てのモノは、宇宙の誕生「ビッグバン」から始まりました。姿形が違っていても、全てのモノはこの一点から生まれています。

私たちは、本能的に、つい自分と違う「価値観、肌の色、立場、年齢、趣味、志向性」などに出会うと、とまどい警戒してしまいがちです。ひいては、相手の存在を認めたくないために、仲間はずれにしたくなる傾向があるのです。自己保存の本能が引き起こす反応です。

今日から、「違い」に目を向けるのではなく、私たちは、一つの源、ビッグバンから生まれ出たことを思い出し、「人間、地球市民、日本人、共通言語、同じ職場、同郷、同性」などの「共通点」に目を向けましょう。そうすれば、誰の心にも、仲間意識が生まれてくるのですから。

不同性

世界に一つとして同じものはありません。同じようでもミクロで見ると違っています。多様性は、自然の摂理です。そして、全ては常に変化します。

自然界は、複数種の生物が相互に関係を持ちながら補完的な役割を果たし合っている「共生」

で成り立っているように、私たち人間社会も、様々な個性・価値観や生き方が、共に共存できる社会でありたいと思います。

例えば、家庭は、男性と女性が、夫妻として、父親母親として、補い合うからこそ成り立つわけで、どちらかがその役割を放棄してしまえば、崩壊してしまいます。

相対性

全ての物事や現象は、立場や見方によって、正しいか、そうでないかが変わってきます。絶対的に正しいと言えるものはありません。

物事の見方、考え方は、立場によって異なるという視点が「相対性」の法則です。お客様の立場では、「安く買いたい」と思い、営業マンの立場からは「高く売りたい」と思います。利害が異なるわけです。従って、お互いに、相手の立場に立って物事を考える努力をしたいものです。

因果性

現象は結果であり、必ず原因があります。良い結果が欲しければ、良い行いをすればよいことになります。明るい未来は自分次第です。

因果性を利用して、明るい未来を創る種を今日から蒔くことをしたいものです。まずは、周囲の方に、「挨拶する・うなずく・微笑む・ほめる・理解する・感謝する・傾聴する・信頼する・

励ます・自分や相手の可能性を信じる」などのよい種をできるだけ蒔くようにしませんか。

ただ、望ましい結果が出てくるまでには、時間が掛かる場合が珍しくありません。望ましい、想うような結果が出てこないと、ついつい、愚痴の一つも出て来てしまいがちです。その時、例え、見える形で、成果が現れなくとも、芽を出すまでの潜伏期間だということを忘れないことです。

独自性　私たち一人ひとりが、かけがえのない価値ある存在です。人と比較して劣等感や優越感で一喜一憂する必要はありません。

親や先生のお気に入りの子供たちが、理想的な子供とされ、その理想像と異なる子供達は、なかなか認めてもらえない。子供を一つの枠に、当てはめようとする考え方は、珍しくありません。その枠から少しでも、はみ出ている子供は、肩身の狭い思いをしなければなりません。

自分の苦手なところに焦点を当てるのではなく、自分の得手なところに焦点を当てて、自己実現を図ってまいりましょう。

二面性　全てのものにプラス面とマイナス面の両面があります。両面をあるがままに見ることで、各々の面を生かすことができます。ピンチはチャンスです。

私たちが生きている世界を見渡してみると、昼と夜、夏と冬、白と黒、アルカリ性と酸性、プラスイオンとマイナスイオン、表と裏、喜びと悲しみなど、あらゆる場面で二面性が見られます。見方にも両面があります。

パナソニック創業者の松下幸之助さんは、「不況こそ、改善・発展のチャンス」「人材育成の絶好の機会」と考えられたようです。同じ出来事でも、受け止め方によって、喜んだり、がっかりしたりすることになります。

一方、「チャンスはピンチ」となるケースもあります。

皆さんの会社にこんな営業マンは居ませんでしたか。入社以来、常にリーダーの期待に応えて、売上目標を達成して来たことで、社内の評価は高く、昇給・賞与も同期でトップ。ところが、成績の悪いメンバーの目標までやらされることになり、そのことで、強いストレスを感じるようになった彼は、心が病んでしまったのです。成功したことが、辛い環境に置かれることになったのです。また、事業に大成功した日本を代表する企業が、時代、環境の変化に対応することが出来なくて、外資に買収されたケースも珍しくはありません。両面で見るクセを身につけましょう。

自由性

全ての人には、将来の夢を描く想像力とそれを実現する創造力が与えられています。この力で何を創造するかは、私達の自由意志にかかっています。

読者の皆さんにお聞きしたいと思います。将来の夢をどう描いているでしょうか。

「どんなビジネスマンになりたいですか」

「どんなリーダーになりたいですか」

「どんなお父さん、お母さんになりたいですか」

「どんな夫婦になりたいと思っていますか」

「どんな子供に育てたいと思っていますか」

「どんな会社、部署にしたいですか」

「仕事に取り組むことで、どんな日々を送りたいですか」

「どんな日本にしたいですか、どんな世界にしたいですか」

「亡くなる時、周囲からどんな人生だったと言われたいですか」

などの質問を自分にしておられるでしょうか。

不思議なことに、自分の将来のことでも、自由に「ありたい姿」を描いている方は少ないようです。その理由は、周囲から、「こうしなさい」と「あるべき姿」を言われ続けて来たことで、親やリーダーから言われたことをすればいいんだと思い込んでしまっているからではないでしょうか。

以前、ある経営者セミナーで講演されたアメリカの携帯電話会社の副社長の話を思い出します。彼は、誇らしげに一枚の雪に埋もれた一台の車の写真を私たちに見せながら、こう言ったのです。

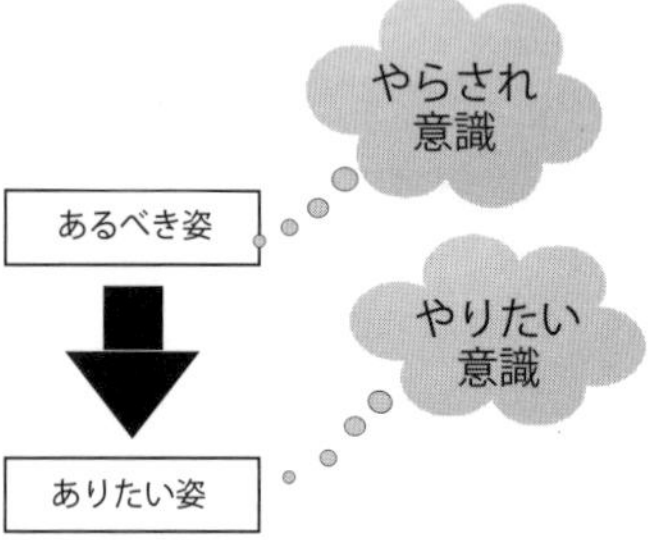

「雪で立ち往生していると思われる車を探し出してほしいという切なる願いを受け、私たちは、緊急のプロジェクトを立ち上げました。そして、幸いなことに、携帯電話の微弱電波を頼りに、探し当てることができたのです。携帯電話事業が遭難寸前の人を助けることができ、こんなうれしいことはありません」というお話だったのですが、感動しました。

何のために、事業をしているのか、自由闊達に対話できる職場風土が職場にあったなら、多くの会社で、このような感動的な物語がたくさん生まれることでしょう。何のために仕事をしているのか、との問いかけも、単にお金のために働いている意識から、もっと能力を高め人間として成長し、お客様にさらに貢献しようとするコーリング（天職）に意識が変わることでしょう。

さあ、想像力を使って将来の夢を描いたなら、それを実現する創造力を使わない手はありません。行動に移すということです。その時、役に立つのが、前にもご紹介したアスリートたちがやっているイメージ・トレーニングです。

やり方は、簡単です。軽く眼を閉じます。ゆっくりと深呼吸します。夢が実現した実際の場面をありありとイメージします。そして、周囲の音や声、雰囲気も五感を働かせて感じます。さらに、飛び上がらんばかりに「ヤッタ」と最高に喜びを味わってください。

脳は、実際の成功体験でなくても、イメージのような疑似的な成功体験でも、同じように受け止めるのです。このことから、不安な気持ちが薄れ、やれるという自信が沸いてきて、行動に移しやすくなります。やってみましょう。

◆ありたい理想像を描く夢が未来を創る

そうそう、ぜひ、企業経営の羅針盤として活用することをお勧めしたい「経営品質向上プログラム」（第6章でご紹介）も、職場として目指したい「理想的な姿」を明確に掲げることから活動はスタートします。

このことから見えてくることは、未来を創るスタートは、自由な発想で、夢やビジョンを想像することであり、本田技研工業㈱の創業者である本田宗一郎さんが、まだ町工場の頃に掲げた、失敗を恐れず「世界一のオートバイ・メーカーになる」「飛行機を作って飛ばす」という夢を追いかけるチャレンジ精神です。新しいことにチャレンジすることなくして、今のホンダはなかったでしょう。

ソニーの前身、東京通信工業㈱の創造者である井深大さんも「設立趣旨書」のトップに、「自由闊達にして、愉快なる理想工場の建設」を掲げています。想像力を使って、未来に向けて夢を描き、設計図を描くことは、実は、自然が人間だけに与えてくれた特別な能力なんですね。使わない手はありません。

◆人間力＝やる気の高め方

よく私は研修時に、受講者の方に、「最高のやる気の状態を１００点とすると、今のやる気は何点ですか」と問いかけます。もちろん、会社によって点数の分布は変わってきますが、50点以下の点数は、決して少数ではありません。会社によっては、半数以上が50点以下というケースもありました。

もし、私が、一番、仕事に疲れていた32歳の時、聞かれていたなら、「10点」と答えていたことでしょう。仕事に疲れていた理由は、売上目標を追いかけるだけの仕事観しか持てなかったため、仕事に使命感を感じられなかったからでした。でも、この理由は後で分かったことです。当時は心が疲れる理由が分かりませんでした。

リーダーの皆さんにお願いします。皆さんの職場の全てのメンバーが、仕事に喜び、やりがいが持てる職場を実現しましょう。

仕事に喜び、やりがいが持てる職場づくりについて、滋賀ダイハツの三代目社長の後藤敬一さんは、「社員の幸せ」という言葉で表現しています。「社員の幸せ」について、後藤氏は、このように語っています。（出典：三代目社長の挑戦「してさしあげる幸せ」の実践／高木書房『社員の幸せ』実現で必要なのは、働くことで喜びや、やり甲斐、生き甲斐を感じることができる会社づくりです。実践しながらわかったことは、お客様の幸せを考えて行動し、お客様が喜んでくれて幸せになれば社員も嬉しい、社員は幸せを感じます。また、地域の人々の幸せにお役立ちができれば、それをやった社員は幸せになります。」と。まさに、本の表題になっている「してさしあげる幸せ」が、「してもらう幸せ」の何倍も、幸福度が高いのです。

さあ、あなたの職場も、この幸福度の高さをメンバー全員と味わえる職場にしませんか。

《スタートラインに立とう》

さて、今の私にやる気度は何点ですか?と聞かれたなら、「100点・満点超え」と答えるでしょう。

なんで、そんな自分になれたのでしょうか。

意外なほど簡単なことなのです。答えは、「人生の指針」の最後に挙げた自由性で示した「自分はどうしたいのか、なりたいのか」という「ありたい姿」を掲げることなのです。やる気を高める方法論の前に、大切なことなのです。若い32歳の頃、やる気「10点」だった私が、67歳を過ぎて、やる気「100点・満点超え」になれたのは、今の自分になりたいと「ありたい姿」を描いたからなのです。やる気「10点」にまで追い込まれたお蔭で、「ありたい姿」を掲げることができました。

「仕事に、やりがい、喜びを感じられるようになりたい」と決めた私は、どうすれば、そうなれるのかを必死になって探し求めました。その体験から学んだことが「求めよ。さらば与えられん」でした。悩んでいても、解決策が手に入らない理由は、愚痴をこぼしたり、人のせいにしても、肝心の自分が本心から求めていない、諦めていたのだ」と気付いたのです。

その日以来、愚痴をこぼしている暇はなくなりました。理想の自分に近づくためには、何をしたらいいだろうかと考え続け、行動し続けた結果、今の自分があるのです。

◆やる気のない人間はいない

それと、人間観を変える大切さに気付いたのです。

職場には、「やる気のある人」と「やる気のない人」がいるという見方、人間観です。これは、誤りです。たまたま、一時的な現象としてそう見えるだけで、本来、「やる気のない人間はいない」ということです。孫と一緒に遊んでいて教えられました。孫は好奇心の塊です。何でも、手を出して、疲れて寝るまで夢中になって動いています。

ところが、大人になるにつれて、私たちは、やる気を下げる考え方や、環境に取り囲まれてしまいがちなのです。家庭でも、職場でも、やる気を下げるマイナス要因を取り除き、やる気を上げるプラス要因を形成しましょう。

下記の図は、若手の社員が、元気を無くすか、元気でいられるかの代表的なプラスとマイナスの要因を対比して表現したものです。×の職場環境を改善し、◎を実感できる

職場の仲間	
◎	気にかけてくれる
×	気にかけてくれない

職場の上司	
◎	尊敬できる
×	尊敬できない

仕事の満足度	
◎	貢献できている実感がある
×	貢献できている実感がない

成長する喜び	
◎	成長している実感がある
×	成長している実感がない

職場環境を積極的に構築していくことが、若手の社員が辞めない職場づくりのポイントでもあります。

《職場のリーダーとの関係》

メンバーのやる気に一番、影響を与えると思われるのが、リーダーの存在です。実際に現場で、リーダーに対する人間不信から退社するケースがありました。ＩＴ企業のケースです。

「配属後、しばらく過ぎた頃、システム開発案件が苦戦しはじめ、新人もリーダーも、多忙な毎日（深夜まで仕事をする状況）となったことで、新人の質問に対し、リーダーが否定的・高圧的な対応をする様になったのです。『この前教えただろ、何回も同じことを聞くな』『いちいち、そんなこと聞くな』と」

新人の側からすると、仕事を進めたいが自分ひとりでは進められない。かといって、質問したところで答えはもらえず、ただ感情的に怒られるだけ。そういった状況が続き、新人はやる気を失ったのです。「仕事がまったく進まない。また、怒られる」「何故、質問をして怒られるのか」そんなことばかり考えていた新人は、リーダーに激しい嫌悪感を持ち、会社にも失望し退職してしまったのです。

《職場の仲間との関係》

職場の仲間との関係も大きな影響があります。、自分を気にかけてくれているかどうかで、気持ちが全く変わってくるのです。仕事だけの関係ではなく、学生時代の友人のような個人的な触れ合いが実は、自分の居場所が作れる安心感につながっていくのです。

こんなことをしている会社があります。サイバーエージェントです。配属された新入メンバーの名前を書いた風船を机に飾り、近くを通る他部門のメンバーの方が声を掛けてくれる場を作ることで、職場のメンバーが、自分のことを気にかけてくれていると感じてもらう仕組みです。

《成長する喜び》

さらに、大切なことは、いかに早く半人前の新人本人に、少しでも成長していることを実感してもらうことです。人事考課は、相対評価でかまいませんが、新人を育てる時は、周囲と比較するのではなく、公文式教室のように本人の実力に沿って、少しでも成長した点を評価する絶対評価が基本です。周囲が積極的に成長している点を言葉に出して、一緒に喜んでいただくことをお勧めいたします。

《仕事の満足度》

そして、少しでも貢献できているところを、周囲が言葉や態度で感謝することです。例え、元気な挨拶一つでも、「元気な新人が来てくれたな。よかった」と喜びを表現しましょう。そうすれば、もっと貢献したいという気持ちが自然に湧いてきます。俄然、元気が出てくるのは、当然です。

しかし、問題は、新人の見本となるべき先輩メンバーやリーダーが、本気で、職場のメンバーに貢献したいという気持ちで仕事をしているかです。皆さんの職場はどうでしょうか。

新人の養成を委託されたＯＪＴリーダーの方々から、こんな本音を聞くことがあります。「新人の養成を頼まれるのは、勘弁してほしいです。そんな余裕は無いんですよ。」など。この状態をほったらかしにしてはなりません。

ショッキングなデータがあります。内閣府が行った団塊の世代の「60歳の時の仕事をしている就労目的」に関する意識調査です。仕事をしている目的は、次の通りです。

・生活費を得るため	73％	・自由に使えるお金のため	19％
・将来の蓄えのため	43％	・子供の面倒をみるため	15％
・ローン返済のため	23％	・知識、能力を活かすため	14％
・生活費の不足補うため	21％	・社会に貢献したいため	12％

お金を得ることが仕事をする目的の大半であり、社会に貢献したいという目的は、少数派だということです。団塊の世代の一人としてショックです。まずは、身近な職場の仲間に貢献したい、お客様に貢献したいという熱い使命感が持てる職場づくりをぜひ実現してまいりましょう。

◆「学習し合あわない職場」が失うもの

ところで、皆さんの職場で、こんな現象は起きていませんか?

「売れている営業メンバーが、同じ職場に居るにもかかわらず、売れない営業メンバーが、いつまでも売れないままになっている」という現象です。

では、なぜ、ほとんどの職場で、このような実態が放置されているのでしょうか。

私の経験によるならば、職場の先輩やリーダー、さらには売れている営業メンバーさえ、「あいつは能力がないダメなヤツだ」「あいつはやる気がないダメなやつだ」と、売れない営業メンバーにレッテルを張ってしまう見方が、大きな原因になっているように思います。それと、その影響を受け、売れない営業メンバー自身が、「自分に向いていない仕事だ」「自分は能力がないダメなヤツだ」と思い込んでしまい、自信を失ってしまうことが起きているからに他なりません。

こんな勿体ないことはありません。個々人のノウハウは、その人だけの宝物ではないのです。チームとして、メンバー全員が共有し合う宝物なのです。なのに、現実は、定年を迎えるベテランのメンバーのノウハウの伝承がまともにできている組織の方が少数派なのではないでしょうか。

ぜひ、売れる営業メンバーには、「売れない営業メンバーの成長を助ける喜び」を感じてもらえるようにすると共に、メンバー全員が成長することで、さらに、「お客様に貢献できる喜び」を味わえる職場をつくってまいりましょう。

2.「映像による学び」の学習方法

「映像による学び」では、短時間で効果的に「能力と人間力」を高めるための知識、気づきを提供することができます。映像の素晴らしいところは、成功場面も失敗場面も、後から、具体的にイメージ出来ることと、感情に訴えてくる要素があるということです。それと、学びの映像を分類すると、二種類に分けることができます。「実務の映像」と「心の映像」です。

ぜひ、職場で、家庭で「映像による学び」の場を作りましょう。

《実務の映像》

「実務の映像」とは、営業成果を出しているトップ営業マンや、生産性の高い現場などの業務関連の映像や、日本経営品質賞を受賞した企業、世界的に卓越した人気企業などの経営関連の映像を通して、「能力＝業務遂行力・問題解決力」を高め、総合的に判断できる見識を磨きます。

【映像による学び】

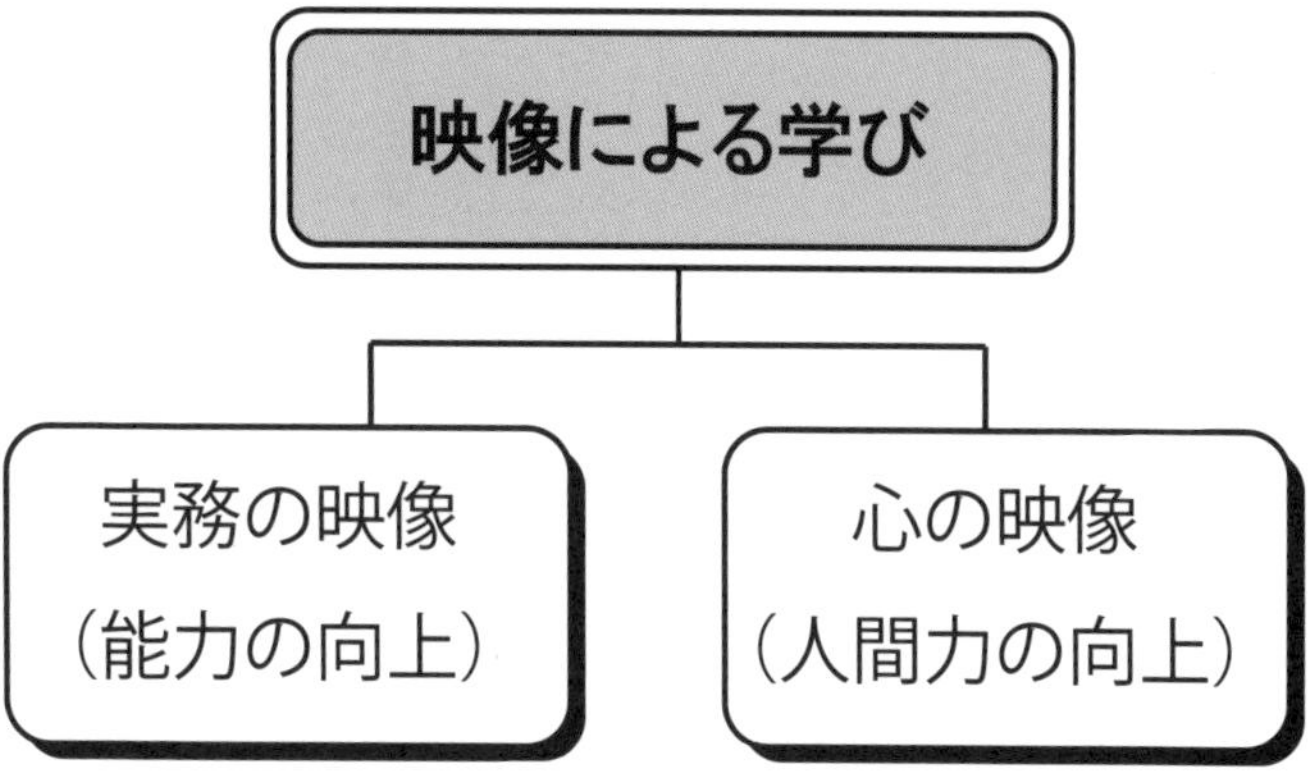

【映像から学ぶ目的と効果】

	実務の映像	心の映像
目的	トップ営業マン、業績の高い企業、日本経営品質賞受賞企業などのモデル事例の映像から、能力向上、業務プロセス改善などに活用する学びです。	優れたリーダーなどのモデル事例の映像から、仲間やお客様に役立とうとする使命感に溢れた人間力を高めるために、映像を活用した学びです。
効果	高い能力を発揮し、高い成果を上げている具体的な取組を映像で見ることで、成功イメージが持て、行動に移せる。	理想的なビジネスパーソンの人間像を映像で見ることで、自分の望ましい将来像を描くことができ、態度・行動に移せる。

《心の映像》

「心の映像」とは、実在の人物のドキュメントや問いかけの映像を通して、閉じていた心を開き、固定観念に気付き、思いやりのある、人の痛みを分かち合える心を養い、「人間力」を磨きます。

もちろん、実務と心の両面が組み込まれた映像もあります。

◆「実務の映像」の事例

《日本経営品質賞受賞企業》

「実務の映像」としてお勧めしたいのが、日本経営品質賞を受賞した企業の事例映像です。経営品質報告書（要約版）もお勧めです。経営品質協議会（事務局：公益財団法人日本生産性本部内）にお問い合わせください。左記の受賞企業の内、※は、株式会社ブロックスでも、取材DVDが発売されています。左記は、年度ごとの一部大企業を除く、主な受賞企業です。

1997年度　千葉夷隅ゴルフクラブ※
1998年度　㈱吉田オリジナル※
2000・2010年度　㈱武蔵野※
2002年度　ネッツトヨタ南国㈱※
2002年度　カルソニックハリソン㈱
2009年度　万協製薬㈱
2009・2015年度　㈱スーパーホテル
2011年度　㈱シスコシステムズ（合同）
2011年度　㈱ねぎしフードサービス
2011年度　川越胃腸病院※

2004年度　㈱ホンダクリオ新神奈川※
2004年度　千葉ゼロックス㈱
2005年度　㈱J・アート・レストランシステムズ
2006年度　福井キヤノン事務機㈱
2007年度　福井県民生活協同組合
2013年度　㈱ワンダイニング
2013年度　西精工㈱※
2013年度　滋賀ダイハツ販売㈱
2014年度　（福祉）こうほうえん

《滋賀ダイハツ販売》

日本経営品質賞を2013年度に受賞した滋賀ダイハツ販売が、受賞時に作成した映像をご紹介します。テーマは、「五幸の実現に向けて」です。

一つ目は「社員の幸せ」、二つ目は「お客様の幸せ」、三つ目は「お取引店様の幸せ」、四つ目は「ダイハツグループの幸せ」、五つ目は「地域の人々の幸せ」です。

この映像の中で、代表取締役の後藤敬一さんが目指している、「五幸」の実態を学ぶことができます。内容の一部をお伝えします。

まず、一つ目の「社員の幸せ」のために、教育をすべての業務に優先し、一流のスタッフに育て挙げています。縁あって入社した社員の幸せを一番に持ってきている後藤氏の想いに、涙がこぼれます。

二つ目は「お客様の幸せ」ですが、昔は、現場が毎日の数字に追われる日々

だったことで、顧客満足度調査の結果は低迷していたそうです。そこで、女性スタッフが「おもてなしカフェ・プロジェクト」を立ち上げ、お客様のご意見をお聞きして、気楽に立ち寄れるお店を実現しています。さらに、どのお店でも、サービス品質にバラツキが出ないようサービス基準を定めて取り組んでいる姿を見ることが出来ます。その結果をお客様がどう評価されているか、「お客様の生の声」が聞けます。卓越した組織のモデル映像の一つとしてお勧めいたします。

《サウスウエスト航空》

サウスウエスト航空の「それはシンプル～サウスウエスト航空成功の秘密～／チャートハウス社」の映像をご紹介いたします。〈発売元：㈱アイエヌエー・インターナショナル〉

サウスウエスト航空は、アメリカ同時多発テロの時でさえ、一人のメンバーも解雇することなく、唯一、航空業界で黒字経営を実現した稀有な企業です。米フォーチュン誌で、全米で働きやすい会社第一位に選ばれたこともある秘密を、メンバーの生の声や姿を通して知ることができます。創業者ハーブ・ケレハーさん自身も、この映像を通して、成功のシンプルな秘密を私たちに伝えてくれています。

映像で取り上げているテーマは、次の内容です。

①「お互いに心から尊敬しあう」：従業員が第一の顧客。

②「他の人を助けに行こう」：仲間への貢献意欲。
③「その人の態度を見て雇い、技術は後で習得させる」：理想主義と利他の姿勢が採用基準。
④「自分らしくいられる自由」：自分で判断して動ける、任されている組織。

サウスウエスト航空は、命令による管理ではなく、顧客本位の価値観・ビジョンを共有したうえで、メンバーが主体的に自分の判断で、卓越した顧客サービスを提供できる職場の風土をもつ組織です。創業者ハーブ・ケレハーさんの「恐れではなく、愛によって結束するとき、会社は強くなる」という言葉は、そのことを表しています。

《パイク・プレイス魚市場》

世界一有名な魚市場であるパイク・プレイス魚市場の「フィッシュ／チャートハウス社」の映像をご紹介いたします。〈発売元：㈱アイエヌエー・インターナショナル〉

米国西海岸シアトルにあるパイク・プレイス魚市場は、昔はお客様もまばらなパッとしなかった魚市場でした。オーナーのジョン・ヨコヤマさんは、従業員の提案で「世界で一番有名な魚市場になる」と決心したのです。そして、現在、ついに彼らの夢は実現したのです。その奇跡の秘密をこの映像は「フィッシュ哲学」として私たちに教えてくれます。

映像で取り上げているテーマは、次の内容です。

①「仕事を楽しむ」…仕事に遊びの要素を入れて楽しく働く社員の仕事満足度向上。

②「お客様を楽しませる」…お客様の要望に応える顧客満足度向上。

③「お客様に向き合う」…お客様の声に耳を傾ける。

④「態度を選ぶ」…「仕事を楽しむ」「お客様を楽しませる」「お客様に向き合う」という態度を決めて日々、取り組む。

◆「心の映像」の事例

《新パラダイムの魔力》

未来学者ジョエル・バーカーによる啓発的ビデオである「新パラダイムの魔力／スター・スローアー社」の映像をご紹介いたします。〈発売元：㈱アイエヌエー・インターナショナル〉

なぜ、多くの人たちは、「改革」を拒否するのでしょうか。

それは固定観念という名のパラダイム（物事の見方・考え方）に支配されているからです。つい最近まで、国際的にも大成功してきた我が国の家電メーカーを代表とする製造業が、今なぜ苦戦しているのでしょうか。

過去の成功は、未来の成功を保証しないどころか、むしろ、成功体験が足かせになってしまっ

たのです。閉塞感の充満する今こそ、全ての皆さんに見ていただきたい映像です。これを見ればあなたのビジネスも『パラダイム・シフト』を起こすことができるでしょう。

◆「映像による学び」の留意点

いくら素晴らしい映像を見ても、そのままでは、すぐに記憶の外に押しやられてしまいます。行動に移すことは期待できないでしょう。左記の手順を参考に、意見を出し合い、行動に移し、成果がでるようにいたしましょう。

①映像の着眼点・粗筋を説明し、感じたこと、気付いたところは、メモをする。
②見終わった後、テーマ映像を見た感想を次の観点で確認する。
・すごく参考になった　・まあまあ参考になった　・あまり参考にならなかった
③映像の感想を発表してもらう。
④各人の感想を掘り下げて深めていく。
・どういう点が参考になったのか？　・参考にならなかったのは、どうしてか？
⑤見ただけで終わらせず、自分の仕事にどう生かすかを考える。
⑥リーダーが応援団として、プラス志向で目標達成のための支援をする。
⑦リーダーは、率先垂範して、行動に移すようにする。

3. 「対話による学び」の学習方法

「対話による学び」でも、短時間で効果的に「能力と人間力」を高めるための知識、気づきを提供することができます。対話には、「実務の対話」と「心の対話」があります。

もちろん、対話ができる職場とは、第1章「ポジティブな職場の風土を創る」が出来ていてこそ、可能になる学びです。自由闊達に発言できる職場の雰囲気づくりは、管理者にとって、とても重要な役割なのですが、現実は、リーダーに気を使って、現場で問題が起きていたり、自信を失いかけていても、何でも安心して言える職場は少ないのではないでしょうか。

《実務の対話（能力の向上）》

実務の対話は、一人ひとりの意見提案をボトムアップで活かす全員参加型の経営を実現し、会社が永続的発展をするための対話です。

一方的な指示やトップダウンは、メンバーを依存させてしまいます。一人ひとりが自立的自発的に物事を考え、自分たちの力で超えて行くことが大切です。そのためには、リーダーが、メンバー一人ひとりで「判断し、行動できる環境」を形成してあげることが必要です。

実務の対話の代表的な場は、第6章「楽しい改革・改善に取り組む」に載せておきましたが、

QCサークルなどの改善活動の話し合いの場や、目標管理の仕組みを機能させるための面談の場です。

もちろん、実務の対話の材料は、日々の仕事の現場で起きている材料です。ぜひ、朝礼の場を使って「実務の対話」を習慣化していきましょう。後で、朝礼のやり方をご紹介します。

《心の対話（人間力の向上）》

「心の対話」は、企業内に心豊かな環境を作り、企業風土を高次化するための対話です。

「心の対話」は、一人ひとりがお互いのつながりあいを心で実感し、信頼感を高め相互理解を深め合う場です。また、一人ひとりが自分の成長課題を認識していく場でもあります。

代表的な「心の対話」が、第2章「協働し合う関係を創る」で取り上げた「パーソナルミーティング」です。私たちは、自分の本心を、お互いに本音で話し合える関係を望んでいながら、そういう関係を職場で作っていないのではないでしょうか。上下関係が今でも強い日本社会であっても、心から信頼し合い、本音で話が出来る職場の人間関係をつくろうではありませんか。

今、メンタルヘルスのことが社会問題になっています。最近の、厚生労働省の労働安全衛生調査によれは、「現在の仕事や職業生活に関することで強い不安、悩み、ストレスになっていると感じる事柄がある労働者」の割合は、半数を超えています。厚生労働省もストレス・チェックを義務化し始めました。

ぜひ、「心の対話」を通して、メンタルヘルスが問題にならない職場にしてまいりましょう。

《対話による学びの留意点》

①話を掘り下げる

・なぜ、そう思ったの？　・何がそうさせたの？

・どんな風にしたらいいの？　・具体的にはどういうこと？

など 数回繰り返して聞き、自ら考える機会を与えていくと、問題の本質に迫ることができる。

②キャッチボールで考えを引き出す

・誰かの話の後、「○○さんの話を聞いて、△△さんは、どう思う？」などのように、参加者同士が対話を繰り返すように進行する。

③メンバーが話しやすい雰囲気を作る

・仕事にやりがいを感じているか？ 人間関係で悩んでないか？ などを聞きながら掘り下げていく。

④メンバーとの対話に全神経を集中する

・傾聴、笑顔、態度 など。

【対話から学ぶ】

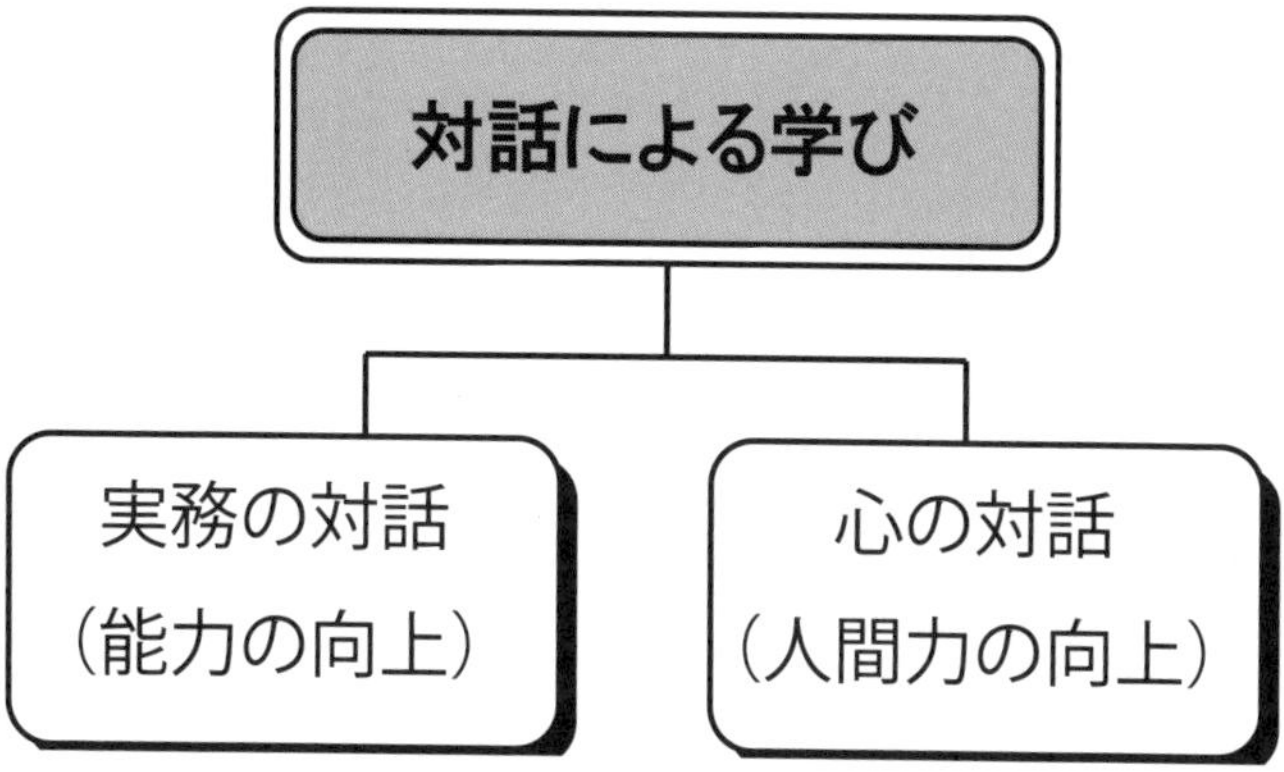

【対話による学びの目的と効果】

	実務の対話	心の対話
目的	チームの課題を共有し、メンバーが協力して解決していく場です。	相互理解を深め合い、仲間とのつながりを実感し、信頼感を高める場です。さらに他のメンバーからのフィードバックを受け、自分の成長課題を認識していく場です。
効果	問題解決の場を通し、互いに学びあい、マネジメント能力が高まります。	自分の期待されている役割や課題を深く認識でき、周囲の人たちの強み、長所、魅力などいいところや取り組むべき課題を知ることができる。そのことで、仲間との心理的距離が狭まり、仲間のために貢献しようとする気持ちが生まれる。

では、「実務の対話」と「心の対話」を日々の職場で習慣化するための場として、朝礼を取り上げることにいたしましょう。

◆朝礼の極意

朝礼の目的

・ポジティブ・シンキングの習慣化を図る。お互いのことを理解し合い、仲間意識を育む。
・お互いに学びあうことで、問題解決能力を高める。傾聴する能力を高めます。
・夢やビジョンを熱く語り、イメージすることで、意欲を高める。みんなで成果を喜び合う。
・「必ずお客様のニーズに応えて、契約いただくぞ」などの目標を強く宣言します。
・お客様の声（満足・不満足・要望）を共有し合い、必要な対策をとります。

笑顔で楽しかったことを分かち合う

仕事だけでなくプライベートな面でも楽しかったことを語り合い、みんなから拍手をしてもらいます。発言者は「ありがとうございます」と感謝します。アイコンタクトと頷き。

経営理念・行動指針を共有する

多くの会社がせっかく経営理念・行動指針を掲げていながら、飾りにしてしまっています。全ての意思決定や行動する上での判断の基準になるよう、解説ではなく、経営理念や行動指針について、自分の体験を語り合う。

昨日の成果を喜び合う

仕事の成果は、契約がとれたことだけではなく、プロセスの成果として契約をいただけたとかも発表し、「ありがとうございます」と感謝します。みんなは拍手して成果を喜び合います。

今日の成長目標を宣言する

今日の成長目標を宣言する。そして個性・長所を伸ばす。「おはようございます！」「笑顔日本一でいきます！」「宜しくお願いします」他のメンバーが「宜しくお願いします」と声をかける。

人生ビジョンとチーム・ビジョンについて、自己の考え、想いを発表する

1年後・3年後・5年後のなりたい自分の目標ゴールを決めて、仲間に話す。表現方法は、「契約が○○件とれるようになりたいです」ではなく、「契約が○○件とれるようになりました」と、うまく行った状態を表現します。周囲は「おめでとう」と声をかけ、拍手をプレゼントしてください。

人生ビジョンとチーム・ビジョンをイメージする

1年後・3年後・5年後の成長した自分のイメージ、理想の職場のイメージをしてみましょう。

お客様の声・メンバーの声（不満足・満足・提案）を共有する

お客様の声・自分の声を伝えたい人は、「直接話法」でみんなに伝えます。朝礼後、大切なことに関しては、改めて必要な手を打ちます。

成功体験・失敗体験を共有する

自分の成功・失敗体験を伝えたり、質問したりすることで、学びあいます。時間がかかるものは、別途社内勉強会のテーマ化につなげたりします。

パーソナル・ミーティングを行う

パーソナル・ミーティングのテーマは、皆さんで話し合って決めましょう。

例としては、「何のために働いているのか」「どんな時に、仕事のやりがいを感じるか」「人生の転機」「初恋の思い出」「残された人生があと半年だとしたら、何をしたいか」「子供の頃夢中になった遊び」「人生の夢」「今までの人生の成功体験」「こんな人と一緒に仕事をしたい」「夢の住まい」「今の元気度?」「お互いの良い所、もっとこうあって欲しい所はどこですか?」など。

挨拶訓練・ハイ訓練をする

元気な挨拶一つで日本を、職場を明るくするという気持ちで、感謝を込めて、挨拶する。

当たり前の挨拶を高いレベルでやり続ける力が身に付くようにします。仕切る人に続いて、「大きい声・笑顔・テンポ良く」行います。朝の挨拶「おはようございます」は全ての業種で。

サービス業の接客七大挨拶用語は次のような挨拶です。

・いらっしゃいませ・かしこまりました・少々お待ちくださいませ・お待たせいたしました

・申し訳ございません・恐れ入ります・ありがとうございました

◆ジョハリの窓

「心の対話による学び」をスムーズに進めるためには、ジョー・ルフトさんとハリー・イングラムさんが発案した「ジョハリの窓」を理解しておくことをお勧めします。

「ジョハリの窓」とは、人の心を4つの窓で表しています。自己開示による共感、フィードバックによる気付きと問題解決の場です。

第1の窓は、自分も周囲の人も同じように気付いている、知っているというエリアで、解放エリアと呼びます。従って、お互いが、それぞれのこのエリアで関わるとき、お互いに安心して交流できる関係になるでしょう。

第2の窓は、自分は気付いている、知っているけれども、周囲の人には、気付かれていない、知られていない、すなわち、周囲の人には隠蔽しているエリアです。

第3の窓は、自分は気付いていない、知らないけど、周囲の人は、気付いている、知っているというスケスケに見えている盲点のエリアです。

第4の窓は、自分も周囲の人も気付いていない、知らない未知のエリアてす。潜在的意識の自分と言えるかも知れません。いわゆる無意識のエリアとも言えるでしょう。

《自己開示して第1の窓・解放エリアを広げよう》

第1の窓・解放エリアは、お互いは、すでに気付いていること、知っていることを基盤として

【ジョハリの窓】

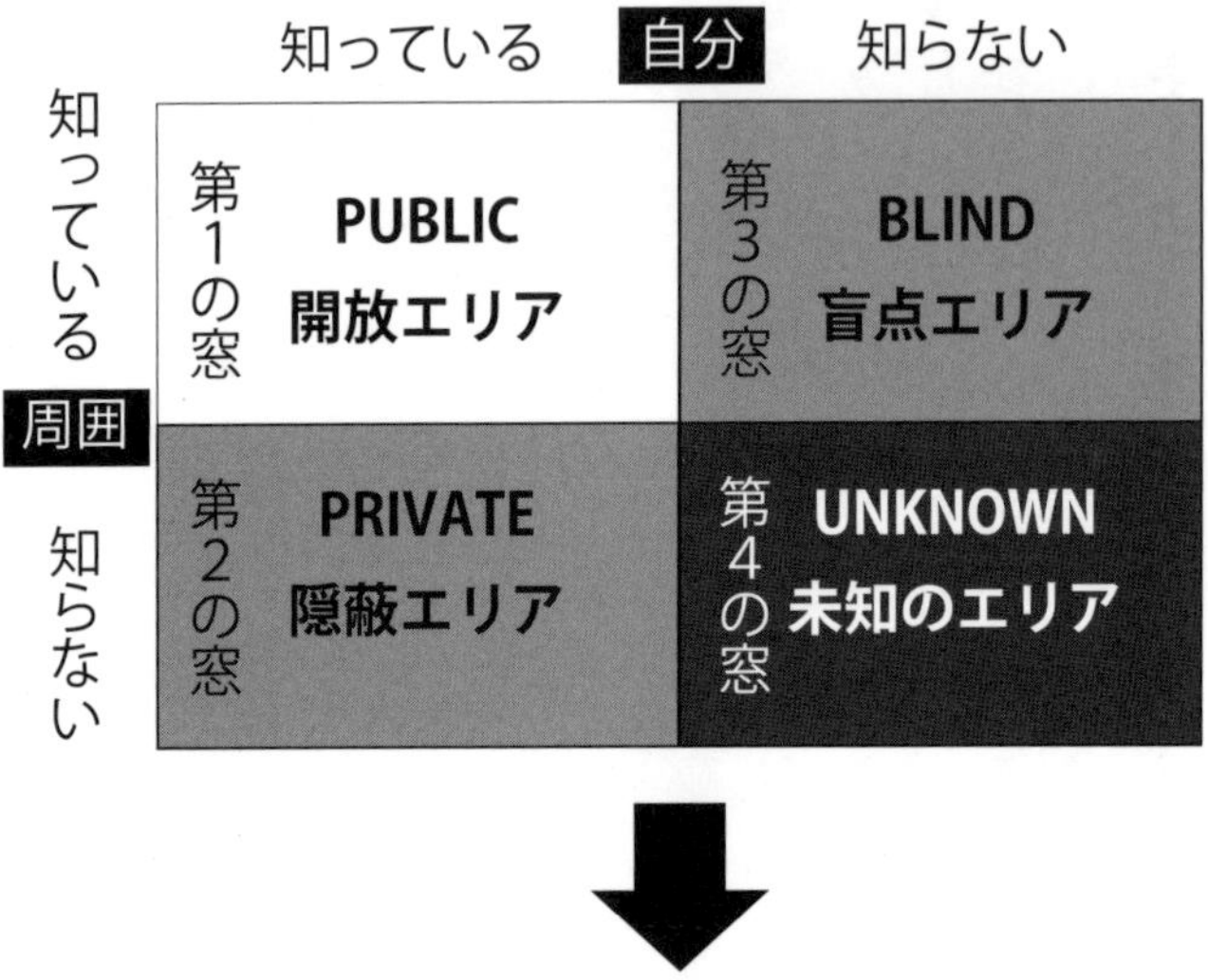

自己開示：隠蔽エリアを狭くする
フィードバック：盲点エリアを狭くする

交流できるので、相手のことを憶測してみたり、自分の恥ずかしい部分を隠そうとして飾ったりする必要がありません。つまり、自分の未熟さをごまかさない、周囲に対して隠さず開放的である時には、知識、技能、気づき、感情の豊さなどの真の学習をすることができるのです。

従って、好ましい対人関係を育むためには、第1の窓を広げようということになります。

自己開示するとは、自分自身のこと、特に、失敗体験や弱さを言葉で相手に正しく伝えることです。弱さをさらけ出すと、相手の共感回路が開きます。一気に相手との心理的距離が縮まります。自己開示には互換報酬があり、自己開示を受けた人は、その分、自分も自己開示するようになります。矢印↓のように、解放エリアが広がっていきます。その分、隠蔽エリアは狭くなります。

例えば

・壁にぶつかって、自信を失いかけたこと。
・クレームを引き起こしたことで、しばらく落ち込んだこと。
・簡単に成果が出ると思っていたのに、中々成果に繋がらなかったこと。
・自分のことを分かってもらえなくて悩んだことなど。

自己開示することで、第1の窓・解放エリアが広がることになります。私自身、「はじめに」の最初に、子供に愛情を感じられない心が枯れた体験を自己開示させてもらっています。

〈自己開示の必要性〉

・自己開示をすることにより、周りからのアドバイスや注意などのフィードバックが受け易くなります。
・お互いが自己開示することで、効果的に課題を達成しうる職場へ発展できます。

〈自己開示のためにリーダーとして心がけること〉

・リーダー自らが率先して自己開示すること。
・相手の発した自己開示を受け入れる強い意志を持つこと。
・聞き役に徹すること。
・言葉の奥にある背景や心理を知る姿勢を持つこと。
・本音で語れる「場」を作ること。

《フィードバックして第1の窓解放エリアを広げよう》

フィードバックとは、別の言い方をすれば、お互いに相手にとっての「鏡」になるということです。鏡はただこちらの姿をそのまま映すだけで、何の評価もしていません。鏡に映った自分の姿を見て、「よい」とか、「いやだ」とかの判断をするのは鏡ではなく本人自身です。つまりフィードバックというのは、自分という鏡に映った相手の様子（自分に見えた相手の姿、動作や言動が自分に与えた影響など）を、評価を加えないで、そのまま相手に返してあげることです。相手はこのことで、今まで気付けなかったことに気付けるようになるのです。

例えば、一つ例をあげてみましょう。

「あなたは先ほど私と話しているときに、目をそらすことが多かったので、少し悲しい気持ちになりました」と告げるのがフィードバックです。この言い方は、自分に見えた事実と、そのことが自分に与えた影響をそのまま具体的に述べただけで、目をそらしたことがよかったとも悪かったとも言っていません。また「悲しい気持ちになった」と、自分の心の中で起きたことをそのまま相手に告げているだけで、目をそらすことは悪いことだと相手を非難しているわけでもありません。フィードバックされることで盲点エリアは狭くなり、解放エリアが広がります。

〈フィードバックの必要性〉

・周囲から自分で気付けていない長所や貢献点をフィードバックしてもらうことで、自己有用感が高まります。

・周囲から自分で気付けていない短所や問題行動をフィードバックしてもらうことで、裸の王様にならずに済みます。

・周囲から自分に期待されていること、止めて欲しいことなど、周囲のニーズを積極的に聴こうとすることは、自分が気付いていない点をフィードバックしてもらうことと同じです。そのことが出来れば、自分が周囲から、必要とされ、頼りにされる存在になることができます。

〈フィードバックする上で、管理者として心がけること〉

・相手の成長を願ってなされるものである。
・相手を非難したり、攻撃したりするものではない。
・相手を映す「鏡」になることで、評価はタブー。
・実際に起きた出来事を具体的に述べる。
・双方通行のコミュニケーションでなされるものである。
・相手が受け容れやすいように述べることが望ましい。
・時間を置かず、出来事が発生してすぐにしたい。
・お互いの信頼関係が前提でなされるものである。

4.「体験による学び」の学習方法

人は体験から様々なことを学ぶとは、よく耳にする言葉です。人材が人財になるには、職場での実践的な学びは避けて通れません。日々の業務を通して、「うまく行かなかったこと」から、そして「うまく行ったこと」からも学び続けてまいりましょう。

前にも取り上げましたが、皆さんの職場で、こんな会議をしていないでしょうか？

例えば、売上目標や生産目標の達成率が１００％以上の時には、「よく頑張った。ご苦労さん」でおしまい。なぜ、達成できたのかの成功要因を分析することをしない。達成率が94％だった時には、「なんで達成できなかったんだ」と叱り付け、達成できなかった６％の失敗要因を追及するものの、実際は吊るしあげの場になるだけで、学びの場にはならない。いわんや、達成した94％の成功要因を皆で分析し、今後に活かす場にはならない。実は、こんな会議を私も昔やっていたのです。ゴメンなさい。

「人材が人財になる」には、職場での実践的な学び以外にありません。成功体験であろうと、失敗体験であろうと、メンバー全員で体験を通して、学習すればいいのです。

◆体験学習の6つのステップ

①まず体験してみる。まず、やってみることです。
②何が起こったのか出来事を振り返ってみる。
③なぜそうなったか自分自身の考え方や行動習慣などの内因、つまり真の原因を分析する。
④成長するために気付きを整理する。
⑤気付き（分かったこと）を、成長や改善にどのように適用するか、行動計画を立てる。
⑥行動計画に基づいて、新しい行動を起こす。

実際の例をご紹介しましょう。

【体験学習のステップ】

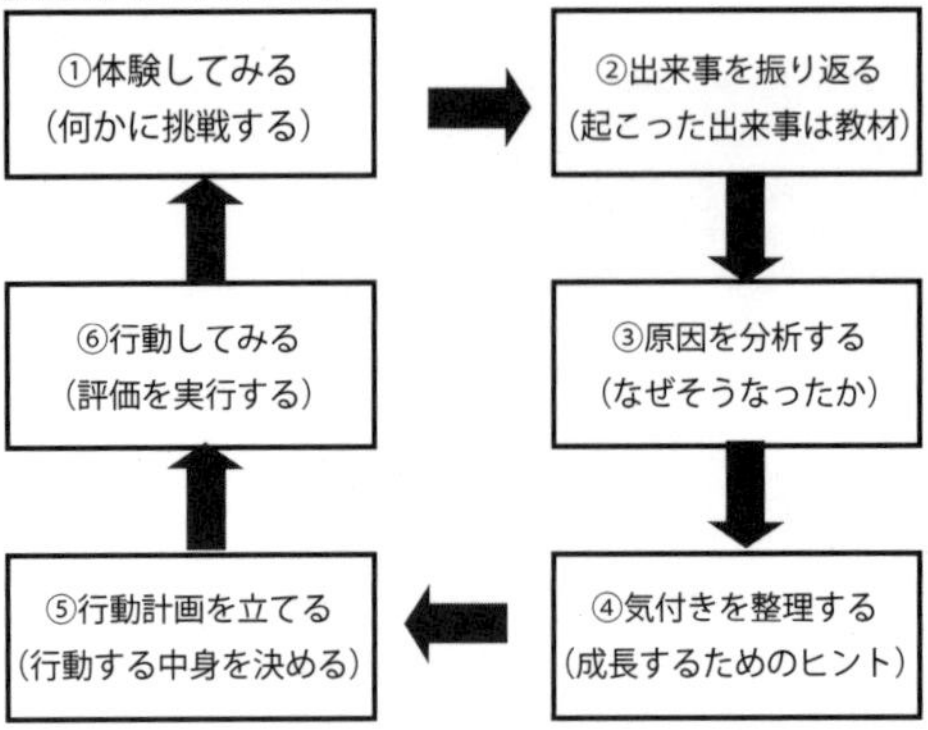

①まず体験してみる。まず、何でもやってみる

会議が始まりました。部門目標を達成するための話し合いです。課長のAさんが、いつものようにロ火をきりました。「今のままでは、達成が厳しい。何とか頑張って欲しい」と檄を飛ばした。続いてB、Cさんが「競合が厳しい」「お客様の設備投資意欲が下がっている」と言い訳をするが、発言は途切れがち。Dさんも発言するが、「名案は浮かびません」と一言。

結局、Aさんが、一人でほとんど喋りまくって、「これで行くぞ」と他のメンバーの意向も確認することなく結論を出し、会議は終わった。

E、Fさんは一言も発言せずじまいだった。みんなの表情は、暗いままだった。

②何が起こったのか出来事を振り返ってみる

・ほとんどの時間、課長のAさんが喋りまくっていた。
・何事も、課長のAさんが「これで行くぞと」と一人で決めてしまった。
・BさんとCさんは、言い訳を少しだけ発言した。
・Dさんは、消極的に意見は無いと発言しただけだった。
・Eさん、Fさんは、一言も発言せず。
・結局、新しい販促のアイデアが出る訳でもなく、いつもの「頑張ろう」で会議は終わった。

③なぜそうなったか自分自身の考え方や行動習慣などの内因、つまり真の原因を分析する

・課長のAさんは、最初はメンバーが、厳しい現状をどう思っているか、気にしていたが、途中から目標達成の檄を飛ばすことに気をとられ、周りが見えなくなってしまった。
・BさんとCさんは、普段、課長のAさんから、責任を取らされるので、言い訳をしてしまう。
・Dさんは、下手なことを言うとバカにされるので、言いたくなかったので、ごまかした。
・Eさん、Fさんは、課長のAさんの提案に納得できないこともあったが、反論できる雰囲気ではなかったし、反論すると悪いと思い黙っていた。

④成長するために気付きを整理する

・課長のAさんは、自己主張が強く、メンバーの異なる意見を頭ごなしに否定する傾向があるため、メンバーは安心して発言できない。
・BさんとCさんは、言い訳ばかりするから、失敗から学ぶことができない。
・Dさんは、素晴らしいアイデアでないとカッコ悪いと思って、なかなか発言しない。
・Eさん、Fさんのように、一言も発言しないことは、会議に参加する意味が無い。

⑤気付き（分かったこと）を、成長や改善にどのように適用するか、計画を立てる

・課長のAさんは、自由闊達な風土を形成するために、メンバーの異なる意見を歓迎し、積極

的に傾聴する対話スタイルに変える。コーチング・スキルを習得する。

・課長のAさんは、メンバー同士が、意見を十分交換し合い、部門目標を達成したくなるよう、皆が目標に納得して合意できる場を創る。

・BさんとCさんは、言い訳をせず、失敗体験を冷静に分析し、今後に役立てる。

・Dさんは、思い付いたアイデアをどんどん口にすることで、グループに貢献する。

・Eさん、Fさんは、自分から発言して、他のメンバーからの意見を返してもらう。

⑥計画に基づいて、新しい行動を起こす

さあ、ワクワクしながら計画を行動に移しましょう。うまく行かない原因を、周囲や景気や忙しさのせいにしないことです。

第4章

「職場のビジョンを共有する」秘訣

第４の秘訣は、「職場のビジョンの共有」です。

職場のビジョンとは、メンバー全員が実現したいと思う職場の将来の理想像（ありたい姿）です。ただし、その前提として、職場がなぜ存在しているのか、ミッション（存在目的）がメンバー全員と共有されていることが必要です。職場のビジョンを実現することで、ミッション（存在目的）に近づいて行きましょう。

皆さんの職場は、「職場のビジョンの共有」がどの位出来ているでしょうか。出来ている項目にはチェックを入れてみてください。

□職場のミッション（存在目的）をメンバーと共感共鳴し合っている。
□どんな職場のビジョンにするか、メンバーと話し合っている。
□社外・社内の関係者みんなが幸せになれるミッション、ビジョンになっている。
□職場のビジョンを決める時、共感するまで合意している。
□職場のビジョンを唱和するだけではなく、実現を誓い合っている。
□職場のビジョンの具体的な実践事例（物語）を共有する場がある。

もし、チェックが付かない項目があるなら、今日から「職場のビジョンの共有」をスタートさせましょう。まずは、一人ひとりのメンバーが、職場のビジョンに対して、「共感・共鳴できるための仕掛けづくり」からです。

しかし、どうも単にスローガンを掲げるだけでは、職場のビジョンを共有することはできません。毎朝、唱和すれば、暗記はできるでしょうが、共感・共鳴して、職場のビジョン実現に向けて情熱を傾けることにはなりません。

その証拠に、数年前に野村総合研究所が実施した「仕事に対するモチベーションに関する調査」(上場企業の20~30代の正社員を対象)によれば、「現在の仕事に無気力感を感じたことがあるか」の問いに対して、「ある」と答えている割合は、75%もありました。モチベーションに問題があることが分かります。その理由の一つが、次の質問への答えにあるように思います。

「現在の仕事を通じて、社会的使命感を感じるか」の問いに対して、「ある」「どちらかと言えばある」と答えている割合は、合わせて30%しかなく、「現在勤めている会社の経営理念やミッションに関心がありますか」に対する答えも、「ある」と答えている割合は、わずか29%しかなかったのです。

実際に私が体験したケースでも、研修を実施した会社の壁に飾ってあった職場の経営方針について、中途採用の部長でしたが、「経営方針をメンバーと共有するために、どのようなコミュニケーションをされていますか?」と質問してみたところ、「特には、何も」と、下を向かれました。

職場のメンバー全員の心のベクトルが合い、推進力を生み出す上で、「職場のビジョンの共有のためのコミュニケーション」は、職場の形成上、欠かすことができない条件ということができます。何としても成功させなければならない取り組みです。

では、「どうすれば、職場のビジョンを共有できるのか」一緒に考えてみましょう。

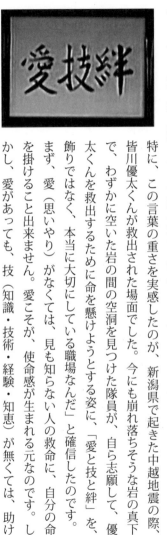

1.「ビジョンの共有」が生み出す効果

ご紹介したい理想の職場があります。東京都消防庁・消防救助機動部隊（通称：ハイパーレスキュー隊）です。通常の消防力では対応が困難な災害や事故に対処するため、特殊な技術・能力・体験を備えた大きな機動力を持つ部隊として編成された部隊です。隊員の皆さんは、理想の職場像として、「愛と技と絆」という言葉を掲げ、制服にワッペンとして貼っています。

特に、この言葉の重さを実感したのが、新潟県で起きた中越地震の際、皆川優太くんが救出された場面でした。今にも崩れ落ちそうな岩の真下で、わずかに空いた岩の間の空洞を見つけた隊員が、自ら志願して、優太くんを救出するために命を懸けようとする姿に、「愛と技と絆」を、飾りではなく、本当に大切にしている職場なんだ」と確信したのです。

まず、愛（思いやり）がなくては、見も知らない人の救命に、自分の命を掛けること出来ません。愛こそが、使命感が生まれる元なのです。しかし、愛があっても、技（知識・技術・経験・知恵）が無くては、助けることができません。「何とか助けたいという強い思い」が、一生懸命、技を磨き続けようとする姿勢につながっているのです。そして、仲間との強い絆（連帯感）がなくては、仲間が支えるロープ一本に自らの命を託すことは出来ません。

このハイパーレスキュー隊が掲げる「愛と技と絆」を、どの職場でも活用できるように定義し直してみました。

《愛》世の中の役に立ちたいという使命感を持って、社外と社内の顧客のニーズに応えられる価値提供に向け、メンバー自ら役割・責任を分担し合う職場。
《技》日々、能力・経験・個性を磨き合い、学習し合う職場。
《絆》仲間を信頼し、協働し合うことに喜びを感じ合う職場。

この定義を参考にしていただき、まずは、職場の皆さんと、「どんな職場（会社・職場）をつくりたいか」話し合って、合意してみませんか。以下、話し合う際の留意点をお伝えします。

①メンバー全員に「どんな職場をつくりたいか、その理由は何か」について思いを語ってもらう。相手の意見を批判しない。
②メンバー全員が「合意できる」まで話し合う。説得は意味なし。

③合意できたら、共感共鳴できた「理想の職場像」に、少しでも近づくことを誓い合う。

2. 職場・個人・家庭のビジョンの一致

圧倒的に多くの職場が、経営理念・社是・社訓を掲げ、経営計画書の中で、経営方針を掲げていながら、飾りにしてしまっている理由はなぜでしょう。

◆職場のビジョンと個人ビジョンの一致

日本経営品質賞受賞企業であるネッツトヨタ南国は、行動指針の一番に、「スタッフ一人ひとりの理想の実現（自己実現）が当社の目指すべき場所である。現状に甘んじるのではなく、各自が経営者的視点を持って経営に参画し、変革を生み出す意志と行動によって、その道は開かれる」と謳っています。個人として、一人ひとりの個人ビジョンが前提にあり、職場のビジョンの実現とメンバー一人ひとりの個人ビジョンの自己実現が一致する生き様が、メンバーが目指すキャリアであることがよく分かります。

米国の「マルコム・ボルドリッジ国家品質賞（ＭＢ賞）」を二度も受賞したザ・リッツ・カールトン・ホテルが掲げる「従業員への約束」の中にも、「個人のこころざしを実現し、リッツ・カールトン・

ミスティーク（神秘性）を高める」と表現されています。

このように、個人ビジョンが前提にあってこそ、職場のビジョンへの共感、共鳴、そして共有が成り立つことを、リーダーは強く認識しなければなりません。ぜひ、個人ビジョンが持てるように、家庭で、職場で語り合える場をつくってまいりましょう。

◆人生の転機

ここで、私事で恐縮ですが、社会的使命に目覚めて、研修事業をスタートさせた経緯をお話させていただき、個人ビジョンの必要性をご理解いただけると幸いです。

「大学卒業したら、就職するものだと思い込んでいた私は、何のために働くのかを考えないまま、過ごしていました。日々、強いストレスを感じながらも、生活のためと割り切っていました。そんなある日、「こんなのは自分の人生じゃない」という内なる声が聞こえてきたんですね。でも、どうしたらいいか分からない。

そんな時、本田宗一郎さんが説いた企業存立の目的である「作る喜び・売る喜び・買う喜び」、松下幸之助さんが説いた「産業人の使命は、水道の水のごとく、物資をできるだけ安価に提供し、楽土を建設することである」「利益は目的ではなく、結果である。利益を目的とした時その会社は社会から見捨てられる」という経営哲学と出会い、やっと、働くことの意味を知ったんです。仕事は辛いものではなく、喜びにあふれたものであること、自分を磨き成長させてくれるものであることを。

今まで、「モノを売る事が仕事だ」と思い込んでいたのですが、それだけでは人間は幸せになれないことにやっと気づいたのです。

モノを売るだけ、生活のためだけの仕事から、お客様から感謝され喜んでもらえる、社会へ貢献できる仕事へ、仕事への意識さえ変われば、仕事のやりがいは誰でも持てるんだ！　やっと真っ暗なトンネルの中から出口の光が見えてきた感じでした。このことを実践し伝えることが自分の使命だという思いが、その後の私の人生を決定づけることになります。

社外の個性的な生き方をしている人に出会って、誰でも自分らしさを活かすことで素晴らしい人生をおくれるという事に気づいたんです。自分にも出来るのではないかと。結局、希望した教育・研修部門への異動ができなかったので思い切って会社を去る決心をしました。

◆職場での出会いを喜びに

経営理念・経営ビジョンと自分の人生理念・人生ビジョンというものが重なり合っていく場。そこで人も企業も成熟していく！　そういう職場が本来の職場が持っている意味だと思います。そのことを経営者を含めてメンバー一人ひとりが理解しあえたら、すごいパワーが出てくるから不思議です。同志になるんですね。

一日の起きている時間の内、時には、家族と一緒にいるよりも職場の仲間といるほうが長いです。職場で出会う人間関係が、とても意味のあるもので、お互いが学びあえる関係として出会っている。さらには、補完しあう関係であり、自分にとって、実は大切な存在なんだということ！

先ほど紹介したパイク・プレイス魚市場の経営者ヨコヤマさんも、職場のスタッフに対して、このように語っています。

「わが社の従業員は、人材ではない。彼らは人間だ。もはや私は従業員を、コンピューターとか紙製品とか、その他の用品と同じように人材としてのみ見ることはできない。私がわが社の従業員がすばらしい人生を送れるよう支援すると決めたことを、変だと思う人たちもいるかもしれないが、そうすることが世界に名だたるパイク・プレイス魚市場への私の誓約として最もふさわしく、また、私の人生のいちばんいい在り方なのだ。スタッフの幸福のために投資する自分の会社の人間を愛するのに努力はいらない。

私は、従業員の生活に干渉するつもりはないが、とにかく彼らに関心を持ち、積極的に話を聞く人間でありたい。私は従業員がプライベートな問題であれ、仕事上の問題であれ、何でも話してくれるような聞き手になりたいのだ。」（出典：魚が飛んで成功がやってきた／祥伝社）

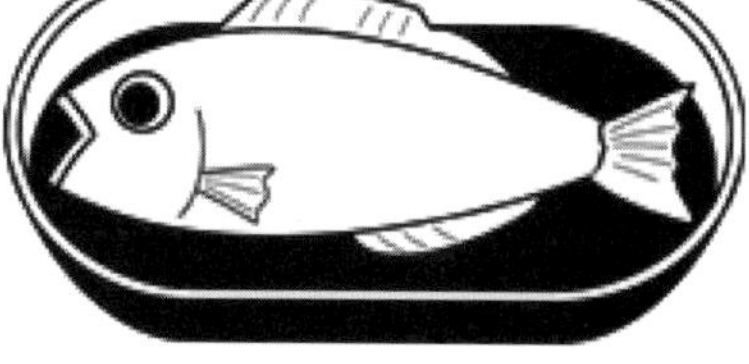

◆自己実現を実践する職場へ

職場が、食べていくために稼ぐだけの場だとすれば、人間である意味はあるのでしょうか。生きるためだけだったら野生の動物だって食べています。極端な言い方ですけどね。

職場のメンバーと、お互いの人生を振り返ったり、一人ひとりの将来の夢・ビジョンを語り合ったり、職場の夢・ビジョンを語り合い、実現に向け一緒に歩むとき、心に喜びがあふれてきます。そのときに「本当に我々はいい仲間と出会えている」という、魂が触れ合うような心の喜びがでてくるのです。まさに同志ですね。この体験は得難いものです。

そして一人ひとりに仲間から期待される役割や使命があって、その人が一番輝く事のできる仕事や環境が与えられたとき、自己実現の扉が開かれる！　自分自身がもっている使命を果たしていく、自分らしい人生を生きていく！　家族とすごす時間と同じように職場の仲間と一緒に仕事をしていること、それ自体が感動であり喜びに感じられるようになるんですよ。

そのためには、従来の縦型職場から、上下間、部門間の壁を作らない横型職場への転換も必要になってきます。目標面談もリーダーとメンバーとの間より、部署内、職場内での横の関係のグループミーティングの場が必要になってきます。リーダーに対して目標達成を誓う関係から、

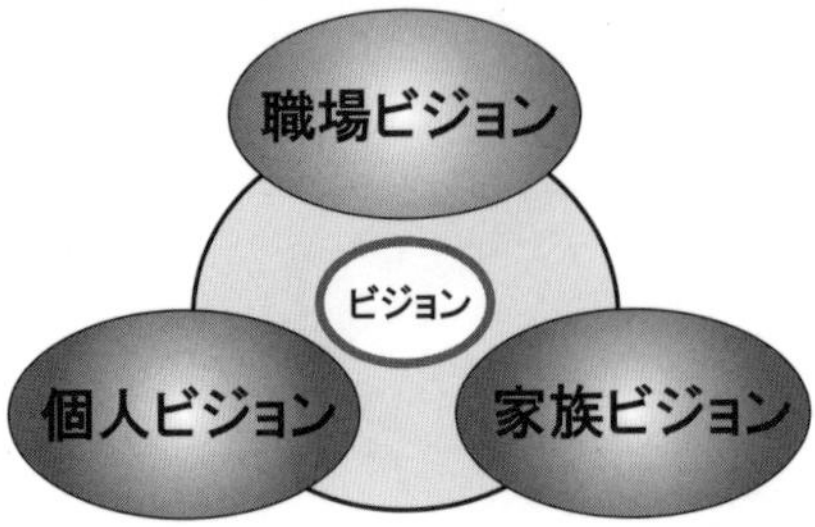

仲間のメンバーに対して、誓う関係になる必要があるのです。個人の成果主義から、職場の成果主義でなければなりません。

◆成果を挙げる方法（How to）から自分の在り方（Being）へ

パイクプレイス魚市場の経営者ヨコヤマさんも、個人ビジョンについてこのように語っています。

「私は一日に何百回も『いま自分はどんな人間になっているか』と自分に尋ねてみる。職場では、世界的に有名になってやろうと全力投球しているし、家庭では最高の夫であり父親であろうと努力している。私はこの瞬間、そういう存在だろうか？　自問してみて、そうでなければ、その目的にかなうよう再び全力で取り組む必要がある。人は自分が何をしたいのかに気づいていないことが多い。現実とは、他人への働きかけではなく、自分の在り方（Ｂｅｉｎｇ）によって決まるのである。多くのアメリカ人と同じように、わが社の従業員も成果が上がる方法（Ｈｏｗ ｔｏ）を探しながら、仕事をしていることが多い。大切なのは、自分の目的をやり抜くことだ。そして、そこで詰めるべきは、詳細な計画ではなくて、社会との関わり方であり、自分の在り方（Ｂｅｉｎｇ）なのだ。それは『自分は何をすべきか』ではなく、『どんな人間で在りたいのか』と問いかける意欲にほかならない。自分の在り方を決めれば、やるべき手順も見えてくる。適切なやり方は後からついてくるのだ。」（出典：魚が飛んで成功がやってきた／祥伝社）

以前の私は、どんな職場で在りたいか、どんな人間で在りたいか、どんな家庭で在りたいか、この目的意識がありませんでした。ただ日々の仕事に追われるだけの人生でした。もう二度と、そんな人生を送ることはできません。自分の在り方（Ｂｅｉｎｇ）を問い続けることにしました。

◆**家族ビジョン**

そして、もう一つのビジョンとして、「家族ビジョン」をもちませんかという提案です。多くのビジネスマンは、結婚し、新たに家庭を持ちます。最初は、夫婦という家族です。この一番、基本となる夫婦という家族のビジョンを私は、当初、もっていませんでした。極端な表現をするなら、単なる同居人だったように思います。その後、「人生の伴侶として、二人でどんな人生を歩んでいきたいのか」「どんな夫婦としての関係を作りたいのか」を話し合うことで、夫婦としての絆が強くなりました。

「職場のビジョン」を共有する場合は、かなりの複数メンバーが関わることですから、夫婦という二人の最小単位の関係において、ビジョンがきちんと共有されることは本来、大切な訓練にもなるのですから、ぜひ、実現したいものです。子供が生まれると、子供も含めた家族全体のビジョンも欲しいですね。

恋愛結婚が大半な世の中に、離婚率が30％もあるのは、不思議ですね。でも、よく考えてみれば、その理由は簡単です。相手を好きになったから結婚したいという恋愛感情は、本能としての感情です。相手も恋愛感情をもったとき、恋愛が成り立つわけです。恋愛感情だけの関係ですと、嫌な面が見えてきて、嫌いになれば、離婚するという選択は不思議ではありません。

一方、人生の伴侶として、生涯のパートナーでありたいと思える関係になるためには、相手を人間として愛おしいという愛の感情を互いに育んでいく必要があります。まずは、人として、きちんと相手と向き合い、相手の気持ちを理解し、相手を思いやり、誠実に接することで、深い信頼関係をベースとした夫婦としての愛情が育まれていきます。

子供との関係も同じでしょう。ネコかわいがりや、虐待、母親任せの無関心な父親などは、自己中心な意識の結果です。夫婦や子どもとの関係を見れば、自分の人間としての未熟さに気づくことができます。私は、若い頃、子育ては母親の仕事だと思っていました。父親としての自覚が無く、赤ん坊を風呂に入れたことも、おしめを換えたこともありませんでした。ただ、叱るだけ。幼稚園に入る頃、私の傍に寄って来ませんでした。今、振り返ると、とても残念な思いがします。

父親として、子供たちに、「生まれてきてくれて、ありがとう」と、毎日、毎日、幸せを感じられる子育てを放棄してきたのですから。今、孫たちが生まれてきてくれて、「お爺ちゃん」と慕ってくれる幸せな日々を送らせてもらっています。ただ、ただ、感謝です。

3.「ビジョン共有」のためのシナリオ

ビジョンを飾りにしないために、「実践体験を共有し合う場づくり」をお勧めします。
世界で展開しているザ・リッツ・カールトン・ホテルは、その場をラインナップと呼んでいます。経営理念や行動指針などを身近に感じながら、職場メンバーだけでなく、世界中のメンバーとお客様との間に生まれた心が温かくなる話、例えば、プロポーズの場を演出したワォ・ストーリー（物語）を共有する場です。「自分だったらこうしたい。自分だったらこうする」と意見交換もします。ビジョンを実践するためには、具体的な実践モデルが不可欠だからです。語り合うことで、働くことの喜びと誇りを実感することができる場にもなります。

本田技研工業も、ホンダ・フィロソフィーを伝承するために、先輩メンバーが、「実践を通して、何を語り継ぐか」というテーマで、ワイワイ・ガヤガヤ話し合うワイガヤ・ミーティングを世界中でやり続けています。

さあ、皆さんも取り組んでみませんか。

第5章

「職場のビジョンを実践する」秘訣

1.「ビジョンの実践」が生み出す効果

第5の秘訣は、メンバーと共有した「職場のビジョンの実践」です。

皆さんの職場は、「職場のビジョンの実践」がどの位出来ているでしょうか。出来ている項目にはチェックを入れてみてください。

- □職場のビジョンを実現するための具体的取り組みが行われている。
- □採用時、職場のビジョンへの共感を採用条件にしている。
- □ビジョンが実現できている場面をイメージしている。
- □ビジョンの実践がうまく行っている場面をイメージしている。
- □実践者として、自らの考えから多行動、態度を変革しようと試行錯誤している。
- □実践者に求められる成長目標を自ら掲げて、取り組んでいる。

もし、チェックが付かない項目があるなら、今から「職場のビジョンの実践」をスタートさせましょう。まずは、リーダー自身の自己変革からです。職場のリーダーが率先して、自己変革のモデルにならずして、メンバーは変わろうとはしないからです、「自分が変われば相手、周囲も変わる」という法則の実践です。

◆自己変革のテーマ

自己変革の第一歩　職場のビジョン実践の第一歩は、**「リーダー自身の顧客観、メンバー観の変革」**からです。

例えば、あなたの顧客観は、どうでしょうか。

「お客様に満足を売る」という顧客満足度向上経営は、多くの会社で当たり前のようにリーダーの方針として掲げられていますが、ともすればそれは製品・サービスを売るための手段になっていないでしょうか。お客様満足の向上こそが、経営の目的であって、売上はむしろそのあとについてくる結果だという顧客観は、どう思われますか。経営品質向上プログラムに取り組む企業のトップは、このような顧客観を持っています。

メンバー観は、どうでしょうか。生産・販売・サービス業務を担う道具、歯車だと思っていないでしょうか。会社とは、「メンバーが、自分の夢の実現に向け、素晴らしい仲間やお客様との出会いを通し、悔いのない幸せな人生を過ごすための場」というメンバーに対する愛情が欲しいと思いますが、どうでしょうか。

本田技研工業の創業者、本田宗一郎さんは、ホンダ7年史のなかで、こんな風に顧客観・メンバー観を述べています。

「私は吾が社のモットーとして『3つの喜び』を掲げている。即ち3つの喜びとは、造って喜び、売って喜び、買って喜ぶという3つである。

第1の造る喜びとは、技術者のみに与えられた喜びであつて、造物主がその無限に豊富な創作欲によって宇宙自然の万物を作ったように、技術者がその独自のアイデアによって、文化社会に貢献する製品を作り出すことは何物にも替え難い喜びである。然もその製品が優れたもので社会に歓迎される時、技術者の喜びは絶対無上である。技術者の一人である私はかような製品を作ることを常に念願として努力している。

第2の喜びは、製品の販売に当る者の喜びである。吾が社はメーカーである。吾が社で作った製品は代理店や販売店各位の協力と努力とによって、需要者各位の手に渡るのである。この場合に、その製品の品質性能が優秀で、価格が低廉である時、販売に尽力される方々に喜んで頂けることはいうまでも無い。良くて安い品は必ず迎えられる。よく売れるところに利潤もあり、その品を扱う誇りがあり、喜びがある。売る人に喜ばれないような製品を作る者は、メーカーとして失格者である。

第3の喜び、即ち買った人の喜びこそ、最も公平な製品の価値を決定するものである。製品の価値を最も良く知り、最後の審判を与えるものは、メーカーでもなければ、デーラーでもない。日常製品を使用する購買者その人である。「ああ、この品を買ってよかった」という喜びこそ、製品の価値の上に置かれた栄冠である。私は吾が社の製品の価値は、製品そのものが宣伝してくれるとひそかに自負しているが、これは買って下さった方に喜んで頂けることを信じているからである。３つの喜び、これは吾が社のモットーである。私は全力を傾けてこの実現に努力している。」

お客様に喜ばれることが社員の幸せであることを本田さんは、自らの体験を通して気付いておられたことが分かります。顧客満足度向上の取り組みを社員が本気で取り組む会社にしたかったら、「仕事に喜び・やりがいを感じられる社員満足度の高い会社」にしようと社員全員と目指すだけで、ＯＫなのです。なぜなら、お客様の喜び無くして、社員の喜びは手に入らないからです。

職場のビジョンの実践を目指した職場の変革には、リーダー自身が自分のものの見方の課題に気付き、それを変えて行くところからです。リーダー自身が、顧客、メンバーに対するものの見方は大丈夫ですか、という問いかけをお願いします。

自己変革の第二歩

第二歩は、**リーダーの観察すべき対象と判断基準**の変革です。

顧客観・メンバー観が変化すれば、リーダーとして何を観察しなければならないかが変わります。「儲けなら何でもかまわない」という考えだと、単に儲けられそうなことだけに目が行ってしまいますし、財務数値だけを重視するといった判断基準を持つことになります。

「顧客のニーズに応えるために何をするか」ということがはっきりしていれば、リーダーとして社内外で何を観察するかが明確になってきます。

また、リーダーとして重要な仕事に意思決定があります。

困難な状況で何を行い、何を行わないかの基準が明確になっていないと場当たり的な意思決定を行い、行動の一貫性を欠きます。リーダーとして観察すべき対象と意思決定の判断基準をどう変えたのか、という問いかけに、あなたは答えられるでしょうか。

自己変革の第三歩 第三歩は、**リーダーの行動内容とコミュニケーションスタイルの変革**です。

メンバーや関係者に理想とすることの納得と共感を生むために、リーダーとしてどのような行動内容に変えてきたのか、また、どの行動に時間をかけるようにしたか、という問いかけに、あなたは答えられるでしょうか。

リーダーは自らの行動で、職場が目指すビジョン実現のために多くの時間を割かなくてはなりません。口で言ってはいるものの、言っていることとやっていることが一致していなければ誰も信用しません。トップが顧客第一と言っていながら、自ら積極的に現場に行こうとしないなら、お客様への関心を持っていないことを社員に伝えているようなものです。

それと、リーダーは適切なコミュニケーションを行い、自ら掲げた「ビジョン」の意図するところをメンバーや顧客、サプライヤー、株主など関係者と共有しなくてはなりません。ただ一方的に伝えるだけのコミュニケーションや、指示命令型、双方向型、合意形成型など様々なコミュニケーションスタイルがあります。リーダーとしてのコミュニケーションスタイルをどう変えたのか、という問いかけに、あなたは答えられるでしょうか。

◆語り合う場づくり

職場のビジョンを実践する前提として、共感した職場のビジョンを、どのように自分の人生に取り込んで行くのか、職場の仲間に語ってもらえるといいですね。職場は自己実現の場なのですから。その上で、職場のビジョン遂行に当たって、メンバー一人ひとりがどのような役割を果たすのかを、全員が話し合って行きましょう。できれば、積極的に、自分に与えられた職務外に視野を広げることで、さらに貢献できる、より有効な方法の発見にもつなげたいものです。

◆自由闊達な職場風土が条件

ここで、改めて強調したい、忘れてはならないポイントがあります。職場のビジョン実現の仕掛けの一つである目標管理の仕組みが機能するためには、その背景に、自由闊達で、公開性が高く、メンバー一人ひとりが個として自主・自立をベースとしたポジティブな職場の風土がなくてはならない点です。卓越した成果を生み出す仕組みを自社に導入する時に、気をつけて見落とさないようにしなければならないイネーブラー（促進要因）が職場の風土なのです。

多くの企業で、この職場の風土のあり様が、経営革新を進める上で、妨げの最大の障害になることを忘れてはなりません。ここに手をつけることができるのは、トップを中心としたリーダーです。リーダーのリーダーシップが問われる理由の一つが、そこにあります。

2.「ビジョンの実践」のためのシナリオ

職場のビジョンを実践する上で大切なポイントが、行動計画の立て方です。せっかく、行動計画を立てるのに、思うように成果に繋がらないという声をよく聞きます。

では、どうすれば、成果に繋がる行動計画が作れるのでしょうか?

◆行動計画の立て方

成果が出る行動計画には、職場のビジョンとの連携と、「何を、どのようにやるのか」という具体的な内容が無くてはなりません。「どのようにやるのか」を考えるということは、そのやる業務手順と作業時間を余すところなく分析し、その業務手順を実行する計画を、少なくとも週単位で立てるということです。

もちろん、新たな計画を最初から、本番で実行することは無謀です。まずは、実験です。実験の繰り返しをすることで、成功する確率を高めて、いよいよ本番ということです。

例えば、「お客様の声を聴く調査の仕組みづくり」と書いただけでは、「何を」するかは分かりますが、「どのようにやるのか」が無いので、行動が出来ません。

「どのようにやるのか」の具体策と目標の例

・調査担当／AさんBさん（2名） ・調査の対象顧客／主要ターゲット顧客（50社）
・調査項目／ニーズ別（10項目） ・調査の時期／来月10日 午後2時～5時
・調査方法／インタビュー（10分） ・調査場所／イベント会場（2会場）

それと「お客様の声を聴く調査の仕組み作り」の目的である「お客様の満足度を上げる」成果が出ているかを判定する目標をハッキリさせましょう。

例えば、左記内容が考えられます。

・目的／提供サービスの顧客満足度（平均80点以上）／再購入率（80％以上）

◆自己イメージが未来を創る

どんなに素晴らしいビジョンを描いても、実践するためには、エネルギーが必要です。

枯れることのない湧き上がるエネルギーの源が必要です。それが、自分のことをどのように思っているかという自己イメージです。

自己イメージとは、自分が抱いている自分に対する自己像のことです。自己イメージこそ、数千年の昔から「人間は自分が考えているような人間になる」という教えにあるように、幸せな人生・幸せな職場を実現する鍵なのです。メンバー一人ひとりが過去に抱いていた自己イメージが、今の自分を創ったのであり、今抱いている自己イメージが、未来の自分を創ることになるわけです。職場の未来にも影響を与えてしまうのですから、とても大切です。

では、どうすれば、自分が抱いている自己イメージを知ることができるでしょうか?

◆CUBIC個人特性分析の活用

お勧めしたいのが、CUBIC個人特性分析です。内容の一部をご紹介いたします。

この分析内容を見ると、記入した自分が、どのような自己イメージを持っているかが明らかになります。自分はどういう性格・パーソナリティか、どういう関心事・興味をもっているか、職場での社会性はどうか、どういうことに意欲・ヤル気を出すかなど、自己イメージという自分が創ってきた自分という作品が明らかになります。

4つの領域から個人の特性を測定し、自身の全体的なイメージを把握できるようにしています。

CUBIC 個人特性分析(現有社員編) Page 1

2005/11/11

東京　総務部　　部長　　○○

信頼係数

低　　高

回答に多少あいまいなところもあるが、おおよその部分が信頼できる診断結果である。

1　どういう性格・パーソナリティか

型	性格の側面	弱	普通	強	指数
思索型	内閉性 ： 社交意識が低い				51
	客観性 ： 思考的思慮深い				61
活動型	身体性 ： 機敏な・気軽な				52
	気分性 ： 感情のまま行動				41
努力型	持続性 ： 几帳面・忍耐力				51
	規則性 ： 常識的・順法的				63
積極型	競争性 ： 勝気な・積極的				52
	自尊心 ： 気ぐらいが高い				45
自制型	慎重性 ： 見通しをつける				54
	弱気さ ： 取越苦労・遠慮				36

■この人の中心性格は「努力・規則性」および「思索・客観性」であるが、「自制・慎重性」や「活動・身体性」といった側面も本人は意識している。

●「努力・規則性」及び「思索・客観性」の人のパーソナリティスケッチ
規則正しい生活をおくっていて、物事の取り組み方もマメで几帳面な人である。努力家であり、手掛けたことを途中で放り出すことなく長続きさせることができるのだが、ひとつの事に固執しすぎて他のことに目が向かなくなることがある。そして、物事は理論的に正しくないと信じないというところがあるのと同時に、世間のきまりや常識を大切にするあまり、堅物との印象を与えてしまうことがある。形式的なあまり、柔軟さや斬新さに欠けるきらいがあるが、大きな失敗をしないということは評価できる。そして、日常的に必要な社会性は持ちそなえていて、交友関係も適度にあり、情報を聞きいれるためのアンテナもしっかりもっている。どちらかといえば、身体を動かして物事を解決していくというより、自分なりによく考えてから実行に移すほうであり、大きな理想というより現実性を重視している。また、物事の見方は客観的で比較的冷静な見方をする。自分自身を深く内省していて、深く付き合ってみると豊かな内面性を垣間見ることができる。

●もう一方の性格特性
精神的には安定していて、不安症・劣等感といった神経症とは現在は縁がない。表面的にもオドオドしたり、イライラした感じは見られず、行動や発言にはしかるべき自分なりの理由をもっている。暗い影のようなものがなく、明るい。

2　どういう関心事・興味領域を持っているか

興味の方向性	弱	普通	強	指数	
日常周辺事型				55	雑多な一般的生活知識がある。物事の表面的現象を見る。
客観・科学型				46	
社会・経済型				59	社会情勢、世の中の出来事に関心があり、世事に明るい。
心理・情緒型				50	
審美・芸術型				37	芸術的な美意識センスは希薄で、通俗的な選択がおおい。

3　基礎的な職場場面での社会性

診断項目	弱	普通	強	指数	
積　極　性				62	率先して業務に取り組み、意見や考えを進んで提案する。
協　調　性				54	仲間に協力的であり、共通の目標に向かうことができる。
責　任　感				55	任された仕事や役割を理解し、意見に責任を持っている。
自己信頼性				61	自信があるため、大きな目的をクリアーすることもある。
指　導　性				59	人に頼りにされ、皆をまとめるリーダー的な役割をする。
共　感　性				44	
感情安定性				65	比較的気持ちが安定していて、多少の事では動揺しない。
従　順　性				51	
自　主　性				49	
モラトリアム傾向				40	今の環境や生活、生き方などに自信をもち安定している。

4　どういうことに意欲・ヤル気をだすか

意欲の側面	弱	普通	強	指数	
達成　欲求				57	困難な目標や難しい事に挑戦し、達成に向けて努力する。
親和　欲求				41	
求知　欲求				54	新奇なことに挑戦したり、周囲の環境を変えていきたい。
顕示　欲求				56	環境の中で実力を発揮し、それを皆に認めてもらいたい。
秩序　欲求				65	支配関係や価値観など、周囲の状況を整理しておきたい。
物質的欲望				48	
危機　耐性				56	全面的な自我崩落にならない、危機対応力を備えている。
自律　欲求				58	人に頼ったりするより、精神的に独立し自力で生きたい。
支配　欲求				56	上下関係をハッキリさせ、影響力ある関係を形成したい。
勤労　意欲				53	

■この人は「自分らしい生活を送りたい」系統の欲求群が一番強く、ついで「増やしたい、減らしたくない」系統の欲求群となっている。逆に「対人関係が気になる」系統の欲求群には淡泊な反応である。

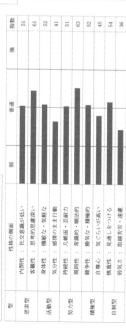

1. どういう性格・パーソナリティか（性格・個性面）
2. どういう関心事・興味領域をもっているか（興味・価値観）
3. 職場で必要とされる基礎的な社会性（社会性）
4. どういうことに意欲・ヤル気を出すか（欲求傾向）

1. どういう性格・パーソナリティか

まず、最初に、気質、態度、性格など比較的固定されたものを分析しています。それぞれの特性傾向は、標準とした中心線より左右どちらかにあるかで、傾向の強弱を表現しています。

ここでは、性格について5つのタイプ（思索型・活動型・努力型・積極型・自制型）に類型し、それぞれを更に二面の行動特性に分けて表現しています。

例えば、思索型でも内閉性の思索型（社交意識が低い）と客観性の思索型（思考的・思慮深い）に分けて、それぞれを指数化して表記しています。それぞれの側面について、標準と比べてどうあるかを見るとともに、自分の中で、どの側面が強いかを把握します。また、欄の下では、各指数の相対的な高低を370パターンに分類し、性格的評価の解説として記述しています。

2. どういう関心事・興味領域をもっているか

ここでは、その人物の生活態度、興味の対象、普段用いている思考回路、価値観の方向性などを5つのタイプ（日常周辺事型・客観科学型・社会経済型・心理情緒型・審美芸術型）に分類し指数化しています。その時点での価値観の方向性がどこにあるかによって、同じ人物でも指数が変動します。また、仕事上の必要性から興味・関心をもっている分野でも、本来の関心が別のところにあれば指数が低くなります。（仕事柄、社会・経済のニュースに敏感でも、本心は芸術に関心がある場合等）

現在、あるいは将来進むべき方向性と、自分の興味領域が合致できているほど、強い力を発揮することができます。自分の興味・関心と仕事が要求するものとの一致度について今一度振り返ってみます。

《信頼係数について》

適性検査の回答は受検者の自己評価であり、自分をよく見せようと回答を操作しないように回答を照会し、信頼係数として表示しています。一つの因子をいくつかの設問に織り込み、設問の中で相互の因子関係に矛盾が生じた場合、信頼係数は下がるように設定されています。

また、集中力が欠けていたり、何かに対して強い悩みがある場合にも信頼係数が低くなることがあります。

3. 職場で必要とされる基礎的な社会性

職場の中では、個人個人がバラバラに働くのではなく、お互いが協働的に仕事を進めています。こうした観点から、職場に必要な社会性を9つの特性に分け、これにモラトリアム傾向（現実や環境における自分のスタンスや社会的満足度を表すもの）を加えた10項目を指数化しています。

ここで示す社会性とは、性格・パーソナリティのように変えにくいものではなく、組織や自分のおかれた状況によって変化しますし、努力次第で、強みを伸ばすことも弱みを補強することも可能です。全体的に指数が高ければ、より高い社会性を備えているといえます。高い項目は、さらに伸ばして行きましょう。社会性で低い項目がある場合は、積極的に成長課題として取り組んでいきましょう。ただしモラトリアム傾向については、逆に指数が高いほど、何かに対する悩みが強いことを示しています。できるかぎり、その悩みを取り除き、職務に集中することが望ましいといえます。

その時、ぜひ、振り返ってもらいたい事があります。「普段の自分のどんな態度・行動が社会性の高さ、低さに影響を与えているのか」、「なぜ、そう言う態度・行動を自分はとるのか」。

社会性の項目の内容は次のとおりです。

□積極性　・・・仕事や人間関係に対する自己の行動力と活発の度合い
□協調性　・・・話し合いや協働作業を円滑に進行させるための努力の度合い

□責任感……自分の分担として引き受けた任務に対する認識の度合い
□自己信頼性……自分を把握しているか、自信ある行動を取れるかの自覚の度合い
□指導性……職場での指示方法、仕事のやり方に対する対人統率力
□共感性……さまざまな環境に対しての環境適応度、意思疎通の度合い
□感情安定性……物事の処理や時間配分に対処する場合の精神状態
□従順性……業務命令や常識的行動に対しての率直さ、素直さ
□自主性……仕事上のなすべき事を率先して実行しようとする力、判断の度量
□モラトリアム傾向……現実の出来事や周囲、社会、生き方に対する受け止め方

4. どういうことに意欲・ヤル気を出すか

ここでは、職場の士気の高揚、課題達成に向けての原動力や生産性の面に加えて、自己実現に向けてのエネルギーに相当する「欲求の側面」を測定しています。欲求を10の項目に分類し、「ヤル気を出すのはどのような時か」など、欲求水準を明確にすることによって、個人の成長動機や欲求不満への耐性を把握することができます。上司や会社がその人の欲求を満たすことができれば、仕事に対してより強く動機づけることができます。

CUBIC個人特性分析から見えてくる自分の自己像とは、多くの方の場合、無意識の内に自分が作り上げてきた自分という作品なのです。大切なのは、これからの未来です。どんな自分に

なりたいか、理想像を描いてぜひ、人間に与えられた素晴らしい自分を創る作者としての能力を使って、理想の自分を創ってまいりましょう。分析を希望される方は、お問い合わせください。

◆自己イメージの影響力

自己イメージの影響力について、お話をしたいと思います。

一つ目のお話は、鷹のひなのお話です。生まれたばかりの鷹のひなを、ニワトリ小屋に入れてヒヨコと一緒に育てると、成鳥になってからも空を飛べなくなるそうです。自分は、ヒヨコだという自己イメージができてしまうのでしょうね。

もう一つのお話は、インドで象を飼うときのお話です。

インドでは象を飼うとき、地面に杭を打って足をロープでつなぐだけです。象は、杭を抜いて逃げる力があるのに、逃げることをしないんですね。

何故でしょうか？

実は、象を小さい頃から地面に打ち込んだ杭ロープでつないでおくんです。最初は、杭を外そうしますが、力が無い子どもの象では、どうやっても杭が外せないわけです。そうなると諦めてしまうそうです。ですから、大きくなって杭を抜く力がついているのに、杭を抜こうとはしなくなるわけです。「出来ない」「無理だ」という思い込みですね。

実は、私たちも幼いころから「××してはダメ」「どうして、××ができないの」「早くしなさい」

などと、成人するまでの間に、百万回を超える禁止令やダメ出しを受けるといわれているのです。

鷹や象のように、いつのまにか抱いてしまった否定的な思い込みや、自己イメージを変えてみませんかというのが、ここのテーマです。

《イチロー選手の小学6年生の時の自己イメージ》

イチロー選手が、小学6年生のときに書いた作文の冒頭の言葉をご紹介します。皆さんの小学6年生のときの自己イメージを思い出しながら読んでみてください。

「ぼくの夢は一流のプロ野球選手になることです。そのためには、中学、高校で全国大会へ出て、活躍しなければなりません。活躍できるようになるには、練習が必要です。ぼくは、その練習には、じしんがあります。ぼくは3歳のときから練習を始めています。3歳〜7歳までは半年くらいやっていましたが、3年生のときから今までは、365日中、360日は、はげしい練習をやっています。だから一週間中、友だちと遊べる時間は、5時〜6時間の間です。そんなに練習をやっているんだから、必ずプロ野球選手になれると思います。(出典：イチロー物語／中央公論社)

「必ずプロ野球選手になれると思います」というイチロー選手の自己イメージには脱帽です。

私の小学6年生のときの自己イメージは、とてもじゃないが、イチロー

とは正反対な、勉強も体育も自信のない子供でした。今までの自分の人生を振り返ってみると、「人づきあいが苦手」「運動音痴」「飽きっぽくて集中力がない」「生意気で人から嫌われる」といった否定的な自己イメージとの闘いだったように思います。今、曲がりなりにも、経営コンサルタントや研修講師として、お役に立つことができるようになれたのも、自己イメージを変えてきたからに外なりません。さらに、今、新たに多くの方の幸せを支援したいと「幸援家」という自分の理想像を再構築しています。よかったら、皆さんも理想の自己イメージを描いて、新たな自分づくりに挑戦してみませんか。

◆自己イメージを変える方法

では、どうすれば自己イメージを変えられるでしょうか？　以下、ご参考にしてみてください。

《なりたい自分をイメージし、自分を褒める》

私の体験をお話いたしましょう。

私は今の研修講師という仕事をするときに、営業マンの経験しかなかった当時の私は、人前に出ると足は震えるわ、早口になるわで、とても、プロの講師には程遠い状態でした。自己イメージが低かったわけです。「自信にあふれた自分になりたい」と、毎晩、寝る前に、鏡の前に立ち、自信にあふれた自分をイメージしながら、褒め続けました。

「石橋さん、素晴らしいよ。こんな短期間で、自分の伝えたいことを堂々と自信をもって伝えられるようになったんだから。皆さんに感動を与えられる講師になれたんだね。よかったね」と。

《望ましい「思考」「言葉」「表情」を態度・行動に表す》

思考：過去に囚われるのではなく、将来の不安にとらわれるのではなく、自分が今したいこと、将来したいことや、周囲の人が自分にしてほしいことに集中して、小さな行動でいいからやり続けてみよう。つまり、結果に囚われるのではなく、至る過程を重視しよう。イチロー選手が、毎日の地道な飽くなき行動の習慣の積み重ねで、偉大な成績を生み出しているように。

言葉：「ありがとうございます」、「大好き」、「楽しいな」、「面白いな」「うれしいな」など、感謝と喜びを言葉にしよう。

表情：みけんのしわを取り、できるだけ笑顔ですごそう。顔は下を向かず、相手を見よう。感情が、態度・行動に表れますから、「嬉しい」「最強する」「楽しい」「ありがたい」というプラスの感情を意識的に持ちましょう。

《自分が幸せになれる側面を見よう》

第1章でも述べましたが、物事を認識する働きは、私たちの内にある無意識の働きです。この無意識の働きの特徴は、「目立つものを認識する」というものです。ですから、無意識は、長所・魅力がたくさんある人を見ると、長所・魅力を認識しようとせず、目立つ「短所・欠点」を認識しようとします。私たちの自己イメージが低いのは、そのためです。

無意識に任せるのではなく、しっかりと、自分の長所・魅力を意識して、認識する必要があります。「自分は目が見える」「耳が聞こえる」「日本語が話せる」「歩ける」「考えることができる」「笑顔がつくれる」からスタートすればよいのです。

第6章

「楽しい改革・改善に取り組む」秘訣

最後の秘訣は、「楽しい改革・改善」です。
皆さんの職場は、「楽しい改革・改善」がどの位、出来ているでしょうか。
出来ている項目にはチェックを入れてみてください。

□PDCAサイクルを日常管理と方針管理と区分して、回している
□改革と改善のループの違いを明らかにし、取り組んでいる。
□現場の改善提案を強制的に出させるのではなく、自主的に出る環境を作っている。
□経営方針に対して、メンバーは関心が高く、達成したい意欲も高い。
□お客様の声を共有・分析して、改革・改善につなげる場がある。
□部門長会議や役員会は、本音で経営課題を問題提起する場になっている。

もし、チェックが付かない項目があるなら、今日から「楽しい改革・改善」をスタートさせましょう。まずは、改善と改革の違いをハッキリさせることからです。

1.「楽しい改革・改善」が生み出す効果

職場での自発的な改善活動は、メンバーの能力を磨き、生きがいのある明るい職場づくりにとっ

て欠かすことのできない取り組みです。ＰＤＣＡサイクルを無限に回すことで、絶え間なく業務の品質、生産性が改善する中で、チームとしての成長が期待されるのです。過去を振り返れば、現場の改善活動で、日本は一時、世界一の国際競争力を得ることができました。

ところが、グローバル時代の今、現場での改善活動だけでは企業の存続さえ危ういことに皆さん気付かれていることでしょう。経営層を中心に、全社を挙げた改革活動が緊急の経営課題なのです。

「現場の改善」と「全社を挙げての経営改革」の両軸こそが、時代の変化に飲み込まれることなく、常に新たな顧客が求める価値を創造し、提供する会社であり続けられるのです。

しかし、現実は、不思議なことに、全社を挙げて取り組まれている組織の方が少数かもしれません。ここでは、その理由も考えてみましょう。

◆ＰＤＣＡサイクルとは

昭和25年、統計学者であったＷ・エドワード・デミングさんは、業務プロセスの中で改良や改善をするために統計的品質管理を提唱しました。そして業務プロセス上の問題を継続的に改善するために考え出した「計画、実行、点検、改善」のサイクルをＰＤＣＡサイクルと言います。デミング・サイクルとも呼ばれています。

デミング・サイクルの反語は、マンネリという言葉になります。誰だって、マンネリの仕事をしたいと思う人はいないでしょう。

後で、ＰＤＣＡサイクルを回すことから得られる喜びを体感できるグループワークをご提案します。

左記がＰＤＣＡサイクルの概要です。

Plan（計画する）：計画とは目的（戦略）を掲げ、目的を達成する一番良い方法・手段（戦術）を明らかにし、それを誰が、どのように、いつ行うかを具体的に示すことです。そして、計画を実行する上で必要な業務（戦闘）能力を楽しみながら、実行しましょう。フルに活用しましょう。

Do（実行する）：さあ、計画を実行する段取りです。目的意識が持てないままだと、新たな方法・手段（戦術）に取り組むということは、面倒くさいと思われがちです。計画の段階で目的（戦略）に共感してもらい、実行したいという動機がもてる必要があります。

そして、実行場面での協力関係や実行に伴う業務（戦闘）能力を高めておきましょう。

Check（点検する）：点検は、計画通りに行動できたかを、成果目標・行動目標と実績数値を比較して明らかにすることです。さらに、どう行動したから、こういう結果になったのかを明らかにしましょう。目標とする成果が出ている場合も出ていない場合も、その原因を明らかにすることが必要です。成果が、思うように出てない場合は、期待される行動を阻害するシステムに原因があるという認識に立って、改善を行いましょう。

Act（改善する）：点検を行った後には、誰もが目標を達成できるように、成果が出たことを標準化することと、成果が出なかったことの改善策を立案しなくてはなりません。もうひとつ重要なことは、新たな改善のサイクルを創造することを通して学習することです。

◆皆で力を合わせて目標を達成するグループ・ワークを体験しましょう

ぜひ、職場で次のグループ・ワークをされることをお勧めします。

皆で力を合わせてＰＤＣＡサイクルを回し、目標に掲げた「縫いぐるみを一筆書きで投げ合う時間」を達成する喜びを体感するグループ・ワークです。

単純なゲームですが、用意するものは、ストップウォッチと投げ合う縫いぐるみです。

下図の５名でやるとすれば、

①まず、最初にＡさんがＤさんに投げます。

②次にＤさんがＢさんに投げます。

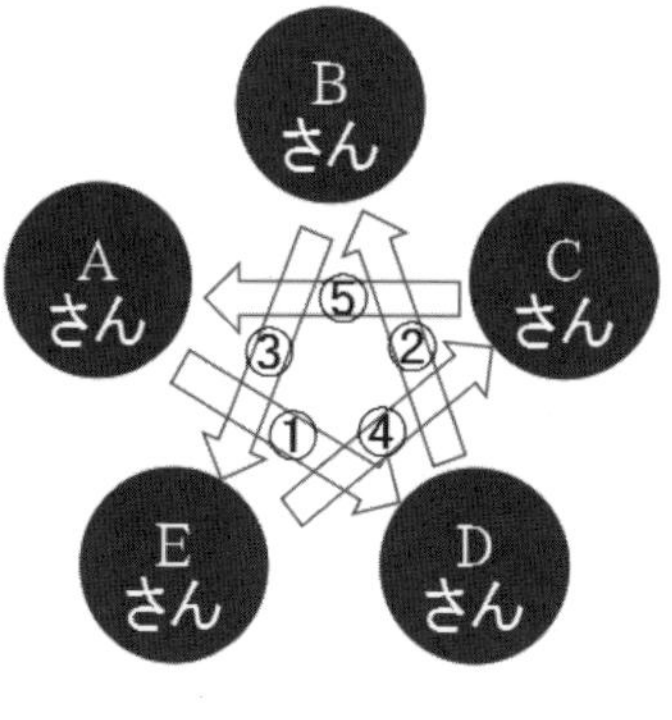

③次にBさんがEさんに投げます。
④次に、EさんがCさんに投げます。
⑤最後に、Cさんが、最初に投げたAさんに戻します。
一人づつ、ずらして一筆書きで投げ合うのです。

社会的動物である私たちは、メンバー同士で知恵と力を合わせて、PDCAサイクルを回して改善の成果を出す活動は、本来、とても、やりがいのある取り組みなのです。

《グループワークの手順》

①一グループは多くて15名位まで、等間隔で円の輪をつくります。
②一筆書きで縫いぐるみを投げ合い、最初に投げた人に戻るまでの一巡する秒数をタイマーで図ります。
③皆で、最大限に短縮できる秒数の目標と投げ方を合意するまで話し合います。合意後、達成を誓い合います。
④合意できたら、短縮した目標の秒数が達成するまで、投げ方を見直したりしながら挑戦し続けます。投げる縫いぐるみを落としたりした時には、落とした原因も掘り下げ、

PDCAサイクルを回すようにします。
⑤達成すると自然に歓声と拍手が沸き起こります。
⑥なぜ、歓声と拍手が、自然に沸き起こったのか、考えられる理由と、皆で目標を達成した時の自分の気持ちを、縫いぐるみを順番に手渡ししながら、伝え合います。
⑦最後に、今の体験をどう職場で活かすか話し合います。

◆三種類のPDCAサイクル

三種類のPDCAサイクルの概要をご紹介します。

日常管理とは何か

日常管理には、ベストな業務のやり方を標準化した業務プロセスを、きちんと守るためのPDCAサイクル（ベスト標準維持）と、品質・コスト・作業効率などの管理指標を向上させる改善活動のPDCAサイクルがあります。

方針管理とは何か

企業組織において、経営目的を達成するための手段として制定された中・長期経営計画、あるいは年度の会社方針を体系的に達成するためのPDCAサイクルを回す改革活動です。基本は、全社挙げての取り組みになります。ただし慢性的に起こっている問題の内、重要な問題は、新たな経営課題として方針管理で取り上げましょう。例えば、「会議などで積極的に発言しない」「売れない社員がいつまでも育たない」など。

日常管理が機能していることが、組織力の基本です。その上に、方針管理のサイクルを回して行きましょう。

◆PDCAサイクルが、衰退してきた理由

改善活動がお家芸であった日本は、今も、トヨタ自動車に象徴されるように、その遺伝子は残っているのですが、随分、その活動は衰退してきたようです。多くの職場でやらされ感で、改善活動をしているケースが見受けられます。

私自身、以前の職場で、チームによる改善活動のリーダーだった時、メンバーからこう言われことがありました。

「石橋さん、この活動やる意味があるんですか。発

【PDCAサイクル】

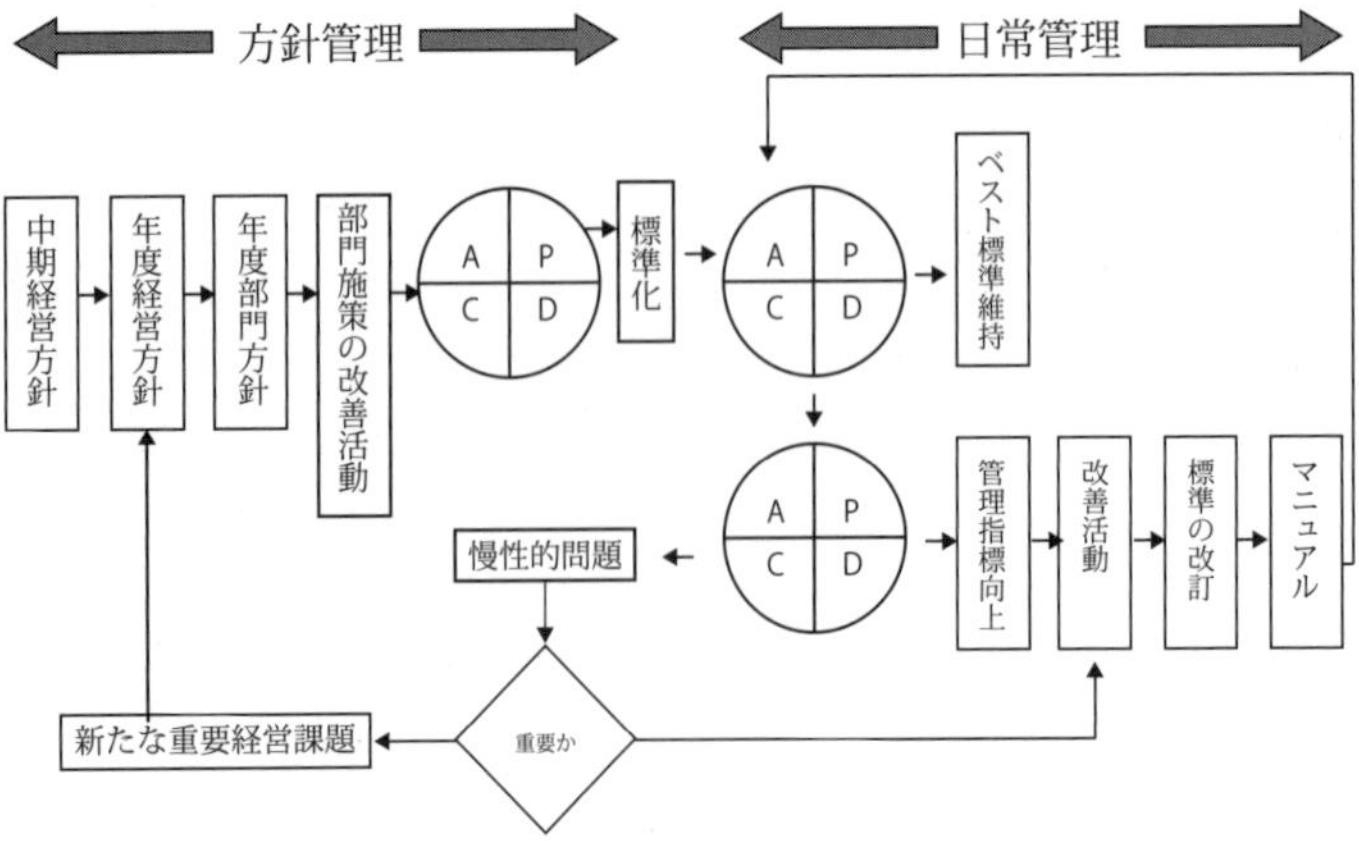

［参考資料：日本科学技術連盟］

表のための作文じゃないですか」と。あまりにズバリ指摘された私は、本音では、「その通り」と思いましたが、「意味がないことはないよ」となだめすかしたことを覚えています。

「改善活動をやりたい」とメンバーに思ってもらえる環境づくりが大切です。

全ての活動は、お客様が求めるニーズに応えられる価値・メリットを創造し、提供し続けるための活動と考えると、成果が出る喜びと共に、お客様に貢献できている喜びが得られることになります。本来、誰もが取り組みたい活動になる筈なのに、残念なことです。

下の図にあるように、改善の物差しである管理指標である、①品質向上　②コストダウン　③時間短縮・生産性向上　④安全性向上などを通して、お客様に満足してもらうことが、メンバーのモチベーション向上につながるのです。

それと、日本でのＱＣ（品質管理）サークル活動に象徴される改善活動は、現場の改善が中心でしたから、経営戦略を実現するための方法・手段、つまり戦術なのです。戦術をどんなにうまくやっても、「他社に先駆けてハイブリッド車を開発する」といったトヨタ自動車のようなレベルの戦略は出てきません。現場の改善活動だけでは限界があるのです。

【改善の管理指標】

◆改革と改善の違い

例えば、「電話対応が悪くてお客様からクレームが来た」場合、改善とは、今までの達成方法や行動を見直すことが中心ですから、「電話対応のどこが失礼な対応だったのか？」原因をハッキリさせ、失礼のない電話対応が出来るように訓練すること（第1ループ）です。

それに対して、改革とは、問題を放置したり、問題を生み出した職場の規範や考え方、風土自体に気付いて手を打つということですから、「クレームが来るまで、電話対応の訓練をする場を職場としてメンバーに提供して来なかった」ことに気付いて、メンバーがもっとお客様に喜んでもらえる製品・サービスを提供したいと思えるよう、計画的に人財育成の仕組みづくりに手を打つことになります。（第2ループ）

【改善と改革のループ】

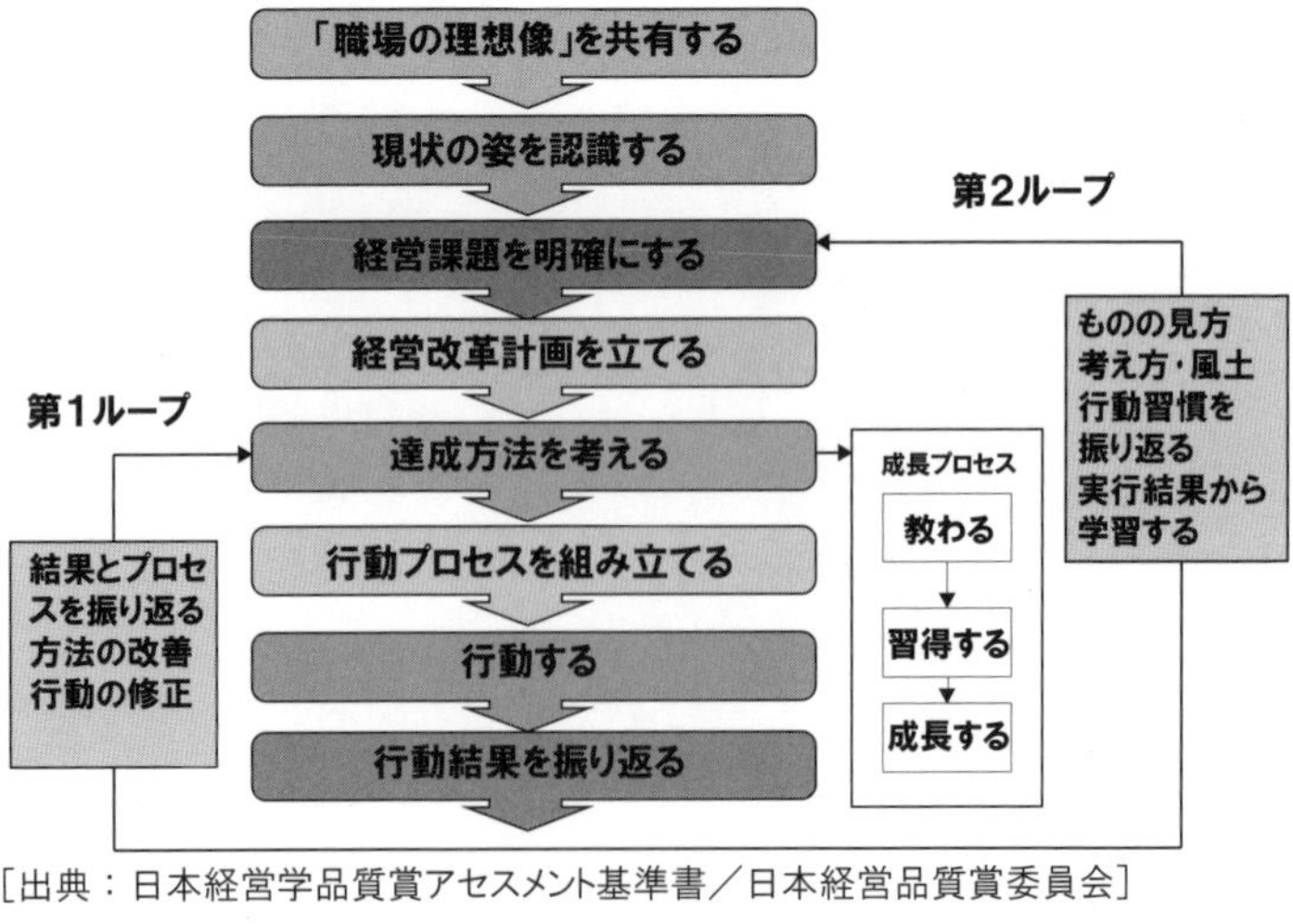

［出典：日本経営学品質賞アセスメント基準書／日本経営品質賞委員会］

さらに、問題が起こる前に改革に取り組めるようにするには、全メンバーが共感し、合意し、達成を誓い合った「職場の理想像」が必要です。この「職場の理想像」があって初めて、現状とのギャップが経営課題として見えてくる訳です。その経営課題を何とかしたいという熱い思いがあってこそ、経営改革計画に魂が入り、実行に身が入ることになります。

2. 簡単にできる改善活動のやり方

◆簡単にできる「個人としての改善活動」のやり方

「個人としての改善活動」とは、周囲から期待されている成果目標と行動目標、さらには、行動目標を達成するために必要な成長目標をしっかりと掲げられる目標面談が不可欠です。

《目標面談》の目的は、メンバーが、「やらされ意識」ではなく、目標に向かって「よしやる」と自らやる気になる場にすることです。決して、説得する場ではありません。やりがいの持てる仕事の目的意識が持てれば、メンバーは、高い目標に挑戦したくなるのです。

事前準備として、メンバーへの目標設定の期待、全社方針・部門方針に添った要望を明確にしておくことです。

さらに、本人が自らやりたくなる、例えば、「期待されている・キャリアに役立つ・必要とされている」などを感じられる、動機付けの場になる準備をお願いします。

目標面談のステップをお伝えします。

①メンバーの設定した目標を聴く。
②リーダーとして、メンバーに期待する目標を明示する。
③メンバーと目標に相違がある場合、目標を統合する。
④達成方法を話し合う。

次に、振り返り面談の目的は、「目標達成度を事実に基づいて振り返り、残された課題を明確にする」ことです。そのことを通して、メンバーの育成につなげます。

《振り返り面談》のステップをお伝えします。

①メンバーの自己評価を聴く。
②メンバーの優れていた点も含め、リーダーの評価を述べる。
③業務上の改善点を明確にし、メンバーの成長課題を話し合う。

◆簡単にできる「部署としての改善活動」のやり方

「部署としての改善活動」とは、ＱＣ（品質管理）サークル改善活動に代表されるように、現場の部門目標を達成できる達成方法、つまり戦術レベルの見直しが改善です。

大事なことは、メンバー自身が、自らPDCAサイクルを回したいと思える活動であってこそ、職場としての成長が期待されます。やりがいが持てるPDCAサイクルとは、「会社の都合を優先したものではなく、顧客に役立つ活動が条件」です。

日本の改善活動の生みの親であるデミング博士も、「組織体に競争力をつけるには、そこで働く個々の人間が、『仕事の喜び』を体現することが不可欠である」という哲学をもっていました。

改善活動の真髄は、人間尊重と、異なる経験、知識、個性を活かし合う経営哲学であり、メンバー個々が補完しあう相乗効果をもたらし、より大きな成果に発展させる全体最適の考え方です。

◆簡単にできる「全社としての改革活動」のやり方

改めて述べます。改革とは、問題を放置したり、問題を生み出したプロセスが作られた職場の規範や考え方、風土そのものに気づき、そこから物事の見方、考え方そのものを変えようということです。これまでの職場の考え方、自分自身の考え方の誤りに、自ら気づくことなのです。

トップ自ら、会社の理想像を掲げ、経営課題を積極的に認めて、PDCAサイクルを回してもらう改革活動の羅針盤として活用できるフレームが、「日本経営品質賞アセスメント基準」です。

全社員が、このフレームを共通言語として、共有し合うことで、全員経営が実現します。

3. 経営品質向上プログラムの活用

経営品質向上プログラムの概要をご紹介しておきます。

（参考図書：日本経営学品質賞アセスメント基準書／日本経営品質賞委員会）

経営品質向上プログラムとは、顧客の視点から経営全体を見直し、自己革新を通して、顧客が求める新しい価値を創出し続ける「卓越した経営」を実現することを目的としています。

その根っ子にあるのが、日本経営品質賞の基本理念です。基本理念は『顧客本位』『独自能力』『社員重視』『社会との調和』の4つの視点から構成されています。これが経営革新に取り組む全ての組織が持ちたい共通の理念です。そして、経営課題を見える化させる組織プロフィールと、経営の取り組みを体系化したアセスメント基準のカテゴリーで構成されています。

経営品質向上活動とは、社員全員が、このプログラムを活用して、「経営ビジョン」の実現に向け、本気で、ＰＤＣＡサイクルを回し続ける活動です。

日本経営品質賞は、１９９５年、「卓越した経営」の仕組みを機能させている企業の表彰制度として、日本生産性本部が創設したものです。現在では、いくつかの県単位で普及して来ています。

この賞は、80年代の米国経済の復活に寄与したとされる米国の「マルコム・ボルドリッジ国家品質賞（ＭＢ賞）」を範としています。現在では、ヨーロッパをはじめ、世界80ケ国以上の国や地域で展開されており、多くの国が、国家賞として取り組んでいます。グローバル時代の競争力を高める視点からです。

◆基本理念

顧客本位：企業・組織の目的を単に売上や利益を上げることではなく、企業活動の全ては、顧客へ価値を創造、提供することができているかという観点で考えます。もちろん、利益の追求はとても大切ですが、それは顧客への価値提供の結果として得られるものである、と考えます。

独自能力：他社と同じことを行うのではなく、独自の見方、考え方、方法、手段による高い価値の実現を目指す考え方です。独自の価値を創造するには、単に手法を真似ることはなく、「見方」「考え方」を学ぶことが重要です。こうした学習によって今までにない「独自能力」を形成し、能力を発揮することができます。同質的な競争に偏っていると、価格競争に終始してしまいます。

社員重視：社員一人ひとりの尊厳を守り、個の独創性と知識創造性を発揮して、企業目標の達成を目指す考え方です。そのためには、社員が仕事に対して喜びや誇りが持て、学習意欲が高くなる職場の環境づくりが必要です。社員が自由に発想し、対話できる環境を意図的につくらなければなりません。社員による目標設定と自律的な経営を目指しましょう。

社会との調和：企業は社会の一員であるとの考えにもとづいて、社会に貢献する、社会的責任を果たすことを目指す考え方です。事業を通じた利益を社会に還元するにとどまらず、環境汚染などへの十分な対策が必要です。

現場の改善だけではなく、経営改革のＰＤＣＡサイクルを回せる組織を構築したいと考える全ての企業体、自治体は、この経営品質向上プログラムに取り組むことを強くお勧めします。

◆組織プロフィール

組織が目指す「理想的な姿」と「現状の姿」とのギャップから、経営課題を見える化します。

①理想的な姿

トップを初めとして、社員全員で目指したい「組織の理想像」です。お客様や、地域社会のどんなニーズに応えられる価値を提供して行きたいのか、社員のどんなニーズに応えられる価値を提供して行きたいのかを明らかにします。

②現状の姿

まずは、お客様ニーズや社員のニーズをきちんと掴んでいるか、そのニーズに対してどの程度の価値を提供できているか、競争力はどうか、市場の変化はどうか等の情報から、ビジネスの「機会」に繋がる状況、「脅威」に繋がる状況を把握します。
さらに、自社の経営資源の分析から自社の「強み」「弱み」を把握します。

③ 変革認識

現状の姿が見えてくると、理想的な姿とのギャップが、ハッキリと見えてきます。

まさに、「経営課題の見える化」です。みなさんの職場では、やられているでしょうか。私の経験では、なぜか、多くの職場でこのことが成されていません。いろんな理由が考えられますが、一番やっかいなことは、経営トップ・幹部が、「経営課題の見える化」を実は望んでいないと言うことです。自分たちのマネジメント能力やリーダーシップ能力の未熟さがハッキリしてくるからです。ぜひ、リーダー自身が、自らの能力のＰＤＣＡサイクルを回してまいりましょう。

④ 戦略策定

さあ、いよいよ、見える化した経営課題を解決するために、具体的な戦略方針を掲げ、実行計画を立案するということです。もちろん、多くの会社で、経営計画書が策定され、

【組織プロフィール】

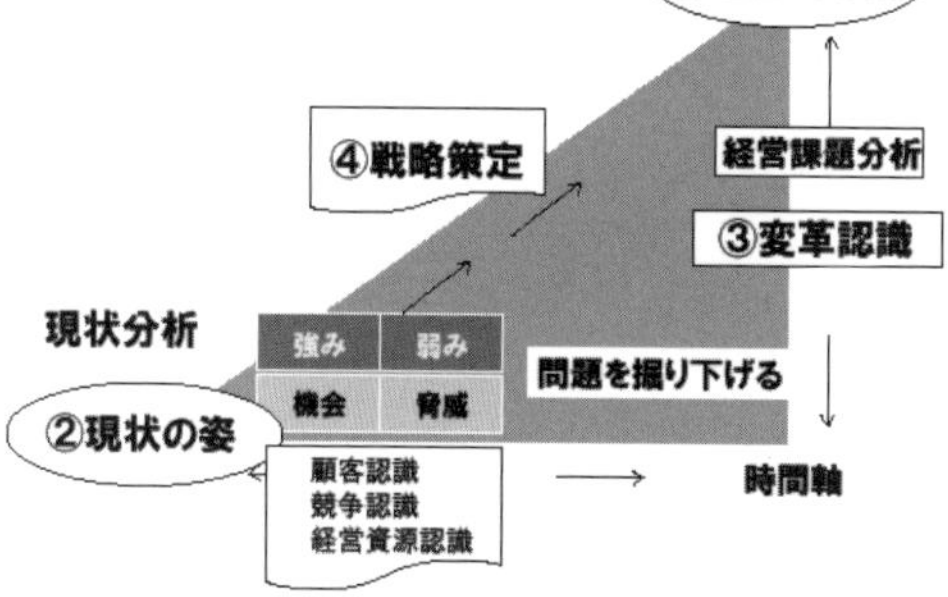

【出典：日本経営品質賞アセスメント基準書／日本経営品質賞委員会】

現場の職場でも、実行計画が展開されていることでしょう。ただし、社員一人ひとりは、本気で戦略の達成を目指す行動をとっているでしょうか。単に、「売上や利益などの経営目標を達成しろ」と言われているだけなら、誰も本気でやろうとする社員は出て来ないでしょう。「理想的な姿」を社員全員と共感し、合意することこそ、戦略に魂が入るのです。

◆皆で力を合わせて目標を達成することは大きな喜び

経営品質向上プログラムに取り組むことを通して、全社・部門・チームの目標を達成する喜びは、実は、個人目標を達成する喜びの数倍あることをご存じでしょうか。

以前のサラリーマン時代の私は、課長になってからも、そのことに気付いていませんでした。私は、業績は「個人の能力」次第だと思い込んでいたのです。メンバーが、「個人の成果」さえ上げていればホッとし、成果が出ないメンバーは困った存在だと頭を抱えるだけ。ところが、ある時、やっと「組織の目標」をメンバー全員が力を合わせて達成したいと本気で思うことができれば、高い業績を上げられる組織ができることに気付いたのです。

◆アセスメント基準のカテゴリー

経営の取り組みを体系化したアセスメント基準のカテゴリーの概要をご紹介いたします。不定期で見直しがされています。ここにご紹介したのは、２０１６年度版です。

カテゴリー1. リーダーシップ（配点100点）

社員全員で目指したい「組織の理想像」の実現に向け、リーダーシップを発揮し、自由闊達な風土を醸成しながら、仕組みづくりが機能しているかが、求められています。

カテゴリー2. 社会的責任（配点50点）

企業倫理、法令順守を大前提に、環境問題への積極的な取り組みがされているか。さらに、企業市民として、地域社会に対する貢献活動がされているかが求められています。

カテゴリー3. 戦略計画（配点50点）

社員全員で目指したい「組織の理想像」の実現に向け、経営課題への対応を具現化する戦略を立案し、有効な実行計画の展開を求めています。戦略の策定

【アセスメント基準のカテゴリー】

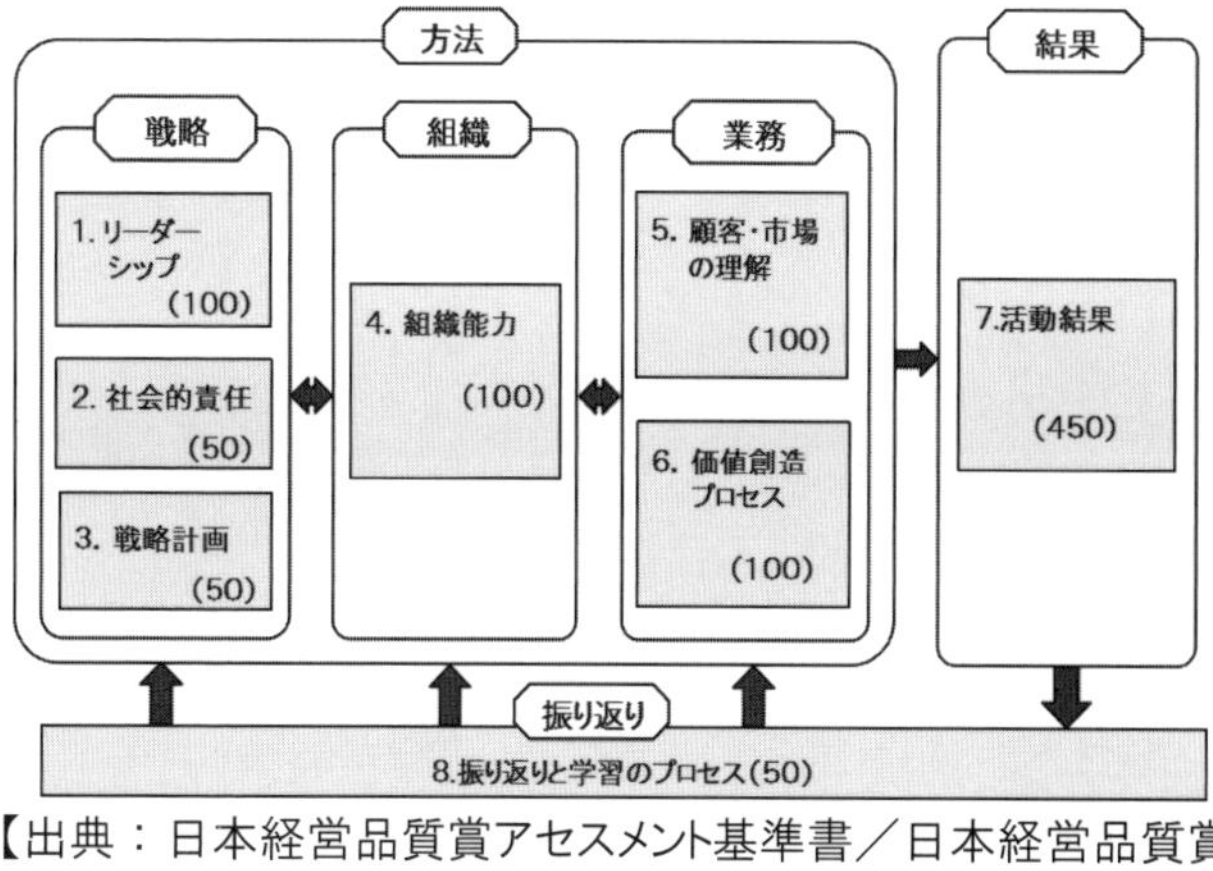

【出典：日本経営品質賞アセスメント基準書／日本経営品質賞委員会】

においては、上意下達ではなく、お客様や現場の社員の声を反映させること。実行計画の展開においては、部門間連携や戦略との整合性、進捗状況の把握が求められています。

カテゴリー4．組織能力（配点100点）

お客様にとって、無くてはならない魅力的な価値を提供できるためには、社内外で協働が行えると共に、必要な業務能力と問題解決能力、さらには人間力を育む人材育成の仕組みが機能しているか。

さらには、社員が、仕事に喜び、やりがいを感じられると共に、パワーハラスメントの予防・安全衛生面・福利厚生面などの環境整備が求められています。

カテゴリー5．顧客・市場の理解（配点100点）

「お客様は誰ですか？」に明確に答えられることを前提に、お客様・市場のニーズに対する満足度の把握がされているか。さらには、お客様との継続的な信頼関係づくりが機能しているかが求められています。

カテゴリー6．価値創造プロセス（配点100点）

製品・サービスを創造、提供する基幹プロセスと、基幹部門をサポートする支援プロセスが、お客様のニーズに応えられるレベルになっているか。さらには、社外のビジネスパートナーとの協力関係が機能しているかが求められています。

カテゴリー7．活動結果（配点450点）

方法・展開のカテゴリー1から6で示された評価尺度・指標に対する結果と、総合結果としての財務の結果に対し、事実に基づいて検証します。目標値と実績値との比較だけではなく、組織内外とも比較検証することが求められています。

カテゴリー8．振り返りと学習のプロセス（配点50点）

振り返りによって明らかになったプロセス上の課題、戦略上の課題（経営課題）は把握され、共有されていますか。そして、これらの課題を解決するために、どのような方針で改善・革新に取り組んでいるか、達成の時期を明示した改善・革新計画が求められています。

◆経営品質向上プログラムに取り組んで得られた効果の声

ここでは、経営品質向上プログラムに取り組まれた企業のトップから、経営上どのような効果が出たのかを語ってもらいましょう。

①今までも、経営理念を毎朝唱和していたが、行動レベルには落とし込まれていなかったのが実態だった。それが、改めて経営理念をじっくり話し合うことで、日々の仕事の目的に気付くことができ、経営理念を日々の仕事の判断基準として、メンバー自らが自発的に行動するようになった。

②今までは「何で顧客満足度がUPしないんだ」と、問題を指摘し続けてきたが、モデルになる事例を示してこなかった。それが、成功事例から学ぶベンチマーキングのやり方を導入したことで、即、効果が上がる仕組みを取り入れることができ、頻繁に成果を挙げられる体験が持てるようになった。

③今までは、同じ部署のメンバー同士でもお互いに無関心で、協力して働きたいという気持ちは弱かったし、部門間も壁があった。それが、社内の仲間も社内顧客と考え「どうすればお客様に喜ばれるようになれるか」と皆で取り組んだら、進んで協働し合う職場になってきた。

④今までは、リーダーから指示されたことをやればいいと考えるメンバーがほとんどでした。それが、もっとお客様に喜んでもらいたいと、改革・改善のPDCAサイクルを自発的に回せるようになったことで、仕事にやりがいが持てるようになり、成長のスピードも遥かに速くなりました。

⑤今までは、お客様からのクレームは、嫌なものだと考える傾向が強く、現場のマイナス情報はなかなかトップにまで届きませんでした。それが、お客様からのクレームの声は、改善のための素晴らしいお宝情報なのだと受け止められるようになり、現場から積極的にお客様の声が届けられるようになりました。

⑥今までは、競合他社にあまり関心が無く、他社に競合負けしても「申訳ありません」の一言で終わらせていました。それが、お客様から積極的に競合他社の情報をお聞きするようにし、自社の強み・弱みもお聞きするようにしたことで、実のある経営戦略を立てることができるようになりました。
⑦今までは、目標管理システムは形骸化していました。ところが、お客様の喜びが自分たちの喜びになることに気付いたことで、積極的に目標管理のPDCAサイクルを回すようになりました。

4. 日本経営品質賞受賞企業のご紹介

近年、日本経営品質賞を受賞した企業の受賞理由（出典：経営品質賞ウェブサイト）を数社ご紹介いたします。

2009年度　万協製薬㈱

万協製薬株式会社は、再創業時を機に、業界では先駆的な外用薬の受託製造をビジネスモデルと定め、厳しい経営環境の中にもかかわらず顧客層を広げ、高い顧客満足と社員満足、健全な財務状態を達成しており、経営品質の考え方を実践した第二創業のモデル的要素と、中小規模の製造業における経営革新や組織開発に対する多くのヒントが含まれている点が評価された。

2009年度・2015年度　㈱スーパーホテル

株式会社スーパーホテルは、ターゲット顧客をビジネスパーソンに絞り、顧客価値追及を徹底。常連顧客中心の空室情報提供、料金変動を出張費に適した範囲に抑制する配慮、最前線社員に至るまで価値提供ができる人材育成制度などにより、顧客・社員ともに満足度の向上を実現するとともに、自社の効率性も確保する仕組みづくりと運営方法が評価された。

2011年度　医療法人財団献心会　川越胃腸病院

川越胃腸病院は、医療はサービスと早くから位置づけ、従業員の満足なくして患者様に高いサービスを提供することはできないと考え、従業員のやりがい、働き甲斐を出発点にした仕組みづくりを行ってきた結果、従業員満足が全国トップレベルになるとともに、人が育って患者満足を生み出すサービス提供の繰り返しにより従業員の感性が磨かれ、サービスレベルは満足を超えて感動レベルにまで向上した。改善・革新は常態化している上、現状に満足することなく、新たな評価指標の活用や、外部機関を利用したプロセス改善の仕組みを構築している。従業員満足向上を起点に患者満足向上を実現していく変革の推進は、医療業界を超えて、組織開発の範となり得る。

2013年度　ワン・ダイニング

関西地区中心に、主に郊外を中心に焼肉レストラン、しゃぶしゃぶレストランの事業を展開。

一店舗ごとの価値を高めることを出店の基本戦略と定めている。セントラルキッチンをもたず、店舗ごとに肉の加工を行うことで新鮮でおいしい肉を提供することを独自価値としている。迅速な課題解決への取り組みに加え、アルバイトをはじめとした従業員の教育を重視してホスピタリティを高めることで、お客様から感謝され、仕事にやりがいと誇りをもち、成長する機会を創出している。「価値ある経営」を経営理念としてお客様、お取引先様、地域社会、そして従業員の「幸福価値の創造」を目指している。

2013年度　滋賀ダイハツ販売㈱

ダイハツ工業株式会社の地域ディーラー。CSを経営の柱にすべく経営品質の考え方にもとづいた経営を実践。先進企業へのベンチマーキングや日本経営品質賞への挑戦で学んだことをすばやく取り入れ、社員を中心に顧客起点の革新を進めてきた。その成果として、全国ダイハツディーラーの中では、常に地域シェアとCS調査のランキング上位の両立を維持し、優秀ディーラーのポジションを確立している。社員の自立性を高めることによる顧客接点活動の活性化、事例から学んで自社独自の取り組みに進化させる変革の進め方は、業種・規模を超えて多くの組織の参考事例となる。

2013年度　西精工㈱

「人づくりを起点に徳島から世界へファインパーツの極みを発信する」という経営ビジョン実現のため、徳島県に根を張りビジネスを展開。冷間鍛造技術と提案活動を核とし、「お役立ち」という顧客価値を提供するための戦略的活動を推進。創業精神や経営ビジョンの共有により、社員の協働と自主性に対する意識が高まり、自律的な部門間相互連携を実現している。部課長・経営会議での「マネジメントレビュー」や半期に一度の係別面接など、振り返りのための仕組みや場づくりが、より高い価値を創るための学習に結びついている。厳しい業界の中で、新たな提供価値を創造し、顧客ニーズ変化への対応、人材の確保・育成による健全な事業成長を実現した。

受賞理由をお読みいただいてお気付きのように、経営者の立場であろうと、リーダーの立場であろうと、社員メンバーの立場であろうと、こんな会社にしたいなと思ってもらえる企業なのではないでしょうか。

ぜひ、「卓越した経営」を全員経営で目指してまいりましょう。

第7章

最強で「幸せな職場」を創るために「リーダーの指針」も活用する

メンバー皆さんが、幸せを実感できる職場を創りたいと願うリーダーのための指針です。

では、最強で「幸せな職場」を創る第一歩は、何でしょうか？

それは、私たちリーダー自身が、「幸せを実感しながら日々を生きる」と決心することではないでしょうか。なぜそう思うのかと言いますと、サラリーマン時代の私は、この指針とは真逆な、笑顔もなく、強いストレスを感じながら、生活のためだけに働く日々でした。出る言葉は、不平・不満・愚痴ばかり。嘆き、悲しみの人生だったのです。でも、37歳の時、もうそんな人生をやめることにしました。喜び、楽しみの人生を生きることにしたのです。そのために、リーダーとして、職場の仲間の幸せとお客様の幸せを共に実現しようと。そうすれば、自分自身の幸せ間違いなしだからです。各指針の最後に、行動するヒントを載せてあります。まずは、行動してみませんか。

リーダーの指針（1）　変化を創り出す

まず、最初の指針です。

> 時代の変化に流されるのではなく、自ら変化をづくり出そうとする人こそ変革者です。リーダーとは、成功するために必要な失敗から、数多くの教訓を学んだ変革者のことです。失敗は教材です。

望む、望まないにかかわらず、私達を取り巻く周辺の経営環境は変化し続けています。出来るならば、「環境変化に順応するだけのリーダーではなく、新しい変化を生み出せるリーダー」を目指したいものです。では、どうすれば、自ら変化を創りだせるリーダーになれるでしょうか。

第3章「映像による学び」でご紹介した、CNNが「アメリカで一番わくわくする会社」と認めたシアトルにある「パイク・プレイス魚市場」があります。そこの経営者ヨコヤマさんの生き方を参考に考えてみましょう。(出典：魚が飛んで成功がやってきた／祥伝社)

◆人を愛すること・自分を愛すること

ヨコヤマさんは、「父親の厳しいやり方しか知らなかったこと」そして、「それまでの自分自身が辛い思いをしてきたこと」で、以前は、周囲の従業員に怒りをぶちまけるリーダーだったそうです。しかし、ある時、「怒りをぶちまけるという自己防衛的な態度をとる代わりに、人を愛することの素晴らしさ」に気づいたことが、経営者としての転機となります。失敗を教材として活かした自己革新のケースです。

私も全く同じだったなあと思います。厳しい父親の下で育った私は、メンバーを育てるつもりが、いつも、メンバーを責める場にしていたのです。

ヨコヤマさんのように、私も、「メンバーを変えたければ、まず思いやりのある自分に変わるんだ」というリーダーとしての在り様を変えたことで、今の幸せな自分がいるのです。思いやりのある自分に変われる秘訣は、まずは、自分自身に優しくなることです。真面目な私たちは、つい、自分を責めてしまいがちです。生真面目に一生懸命生きている自分を抱きしめてあげてください。でも、甘やかすことではありませんよ。

◆失敗から学ぶ人

さらに、「失敗からたくさんの教訓を学ぼう」という姿勢は、組織改革を進めるリーダーにとって、とても大切な姿勢です。なぜなら、その姿勢がなくては、リーダー自身が、率先して自己の成長課題に気づき、自己改革に取り組めないからです。リーダーは、自信を失ったり、後悔して落ち込んだり、逆に「やっているつもりだけど」と自己弁護している暇はありません。もちろん、メンバーや子供たちの失敗をリーダーとして、親として責めることがリーダーの役割ではありません。「失敗は成功の母」なのですから。むしろ失敗したプロセスから学べる環境を創りましょう。

前にも触れましたが、ホンダの創業者の本田宗一郎さんは、「失敗表彰制度」なるものを真面目に制定しました。「失敗を恐れるな。おまえが失敗したおかげで、他が失敗せずに済む」というわけです。失敗を叱らない条件は、「お客様のために、もっと良くしよう」と試みた結果の失敗であるからで、これを「挑戦的失敗」といいます。こういう環境だったから、研究所の人たちは失敗を恐れることなく、最先端の新しい技術開発にチャレンジ出来たのでしょう。トップとし

て、ホンダの企業文化の一つである「やらまいか精神（チャレンジ精神）」の奨励策を実践してみせた訳です。

◆成功者の反対語は？

ここで、成功者の反対語を考えてみましょう。

失敗者でしょうか。そうではありません。成功者は、失敗者の中からしか、生まれないからです。新たなことに挑戦するからこそ、失敗する訳です。従って、成功者の反対語は、挑戦しない人ではないでしょうか。ところが、現実は、会社にとって人財とは、新たなことに挑戦する人の筈なのに、新たなことに挑戦して、うまく行かないと、責められ、責任をとらされるという組織風土がないでしょうか。

日本では、大学で優秀な成績を収めた学生の両親は、ほとんどの場合、大企業へのキャリアを勧めます。なかなかベンチャー企業に就職することや、ベンチャー企業を創業することに賛成するケースは少ないのが現状です。

なぜでしょうか。日本社会の意識の中に、失敗することを評価する文化が弱いのです。それに対して、アメリカでは、ベンチャー企業に出資するエンジェルたちは、初めて創業するベンチャー経営者より、一度、失敗しているベンチャー経営者の方が、失敗から学習しているが故に、信頼性が高いと考えるのです。リーダーの皆様に提案します。新たな挑戦の場合は、失敗することを評価する職場をつくりましょう。

◆コロンビア大学で行われた「子供の誉め方」の研究

それと、コロンビア大学の研究によれば、子供がある課題に直面したとき、「結果だけを誉められた子供」より「プロセスや努力の姿勢を誉められた子供」の方が、より困難な課題を乗り越えて行ける力が強くなるという結果が出ています。「結果しか評価しない」姿勢から、「新たなことに挑戦するプロセスも評価する」姿勢へと早く転換する必要があります。

リーダーの指針（1）を行動するヒント こんなことから始めませんか。
・思いやりのある優しい眼差しで、メンバーの希望や不安な気持ちを聴いてみる。
・失敗したことから「何が学べるか」、考えてみる。

リーダーの指針（2） 夢と希望を抱く

「夢と希望を抱く」ことは、次に大切にしたい指針です。

みんなが喜ぶ未来の「夢と希望」を持ちましょう。行動を伴う「夢と希望」は世界を変えることが出来ます。どんなに小さな条件もフルに活かして、必要な条件を生み出すことこそ喜びです。

「行動を伴う夢と希望は、世界を変えることが出来る」というのは、私の大好きな言葉です。この言葉は、実に27年にも及ぶ虜囚の日々を送った後、ついに非暴力不服従運動により、人種隔離政策を廃した南アフリカ共和国のマンデラ元大統領の言葉だと言われています。どんなに絶望的とも思える状況であろうと、「夢と希望」を失わない生き方こそ、リーダーに求められる指針です。

現在、講演や研修に飛び回っている今の私があるのも、37歳の時、営業マンとしての経験しかないにもかかわらず、「考え方一つで人生は変わる」ことを伝えたいという「夢と希望」を抱いて、行動に移したからに外なりません。

「経験も実績も無いから、うまく行く訳ない」と最初から諦めないでください。大事なことは、行動し続けることなのです。「行動を伴う夢と希望は、世界を変えることが出来る」というマンデラ元大統領の言葉こそ、凡人であろうと、未来を切り開くことができる魔法の言葉なのです。

◆ホンダの創業者である本田宗一郎さんの「夢と希望」

昭和29年の社内報の中で、本田宗一郎さんは、このように語っています。

「わが社はおそらく数年を出ずして名実共に世界第一のオートバイ・メーカーになると思う。このことが確信されるゆえんは、一にわが社の存立の目的（※作って喜び、売って喜び、買って喜ぶ）が他社と比較して非常に優れているからにほかならない」と。その後、本田宗一郎さんの夢と希望は実現しました。このお話は、リーダーが持つ夢と希望がいかに大切かをよく知らしめています。

では、なぜ本田さんは、「作って喜び、売って喜び、買って喜ぶ」という存立の目的が優れていると考えたのでしょうか？

その理由は、ドラッカーの「仕事で成果をあげるには、業績という言葉を忘れればよい。その代わりに、貢献について考えればよい（P．F．ドラッガー――理想企業を求めて／ダイヤモンド社）」という言葉に表われています。まさにメンバーが働くことで得られる喜びは、メンバー同士や、お客様に貢献することから得られるのです。この職場環境を創ることが、リーダーの役割だと言えましょう。

◆自己宣言と成功イメージング

行動したくなる気持ちを強くする秘訣が、「こうする、こうなる」という具体的なイメージを明確にもつことと、自己宣言することです。洗面台の鏡に、望んでいた夢が実現出来たことを喜んでいる自分をイメージしながら、実現したかのように言葉で宣言するのです。

私も随分やってきました。研修講師の道に入った当時、「自信にあふれた自分になる」と決めた私は、鏡に向かって宣言したものです。

そして、「石橋さん、研修受講者の○○さんが、『研修に参加したお蔭で、自分の未来に希望が持てるようになりました。』と言ってもらえたのは嬉しいですね」と、本気になって喜んであげたのです。

その後、軽く眼を閉じながら、うまく行った場面や成長した自分の姿をイメージしながら、成長感や達成感を飛び上がらんばかりに味わったのです。

続けているうちに、いつのまにか、ひたすらどうすれば「夢と希望」が、実現出来るかと考えて、行動する自分の姿がありました。不思議なことに、じっとしていられなくなるのです。イメージ・トレーニングの効果です。

リーダーの指針（2）を行動するヒント　こんなことから始めませんか。

・どんな自分になりたいか、どんな職場をつくりたいかを決める。
・自己宣言と成功イメージングを寝る前に、朝礼時にする。

リーダーの指針（3）仲間や協力者を創る

「夢と希望」を実現するためには、仲間や協力者がいるかいないかで、その実現度に大きな差がついてしまいます。第3の指針は、心から応援してくれる仲間や協力者を創る指針です。

> 仲間、協力者の形成は、みんなが喜ぶ「夢と希望」の大きさに比例します。燃えるような情熱が、点から線へ、線から面へ、そして全面展開へと輪を広げて行きます。

「夢と希望」を持つことにより、不可能だと思えることも可能にしてしまう力を発揮出来ることが分かりました。しかし、「夢と希望」の大きさによって、実現の可能性に差が出てきます。個人的な自分だけの「夢と希望」のレベルでは、なかなか周囲の関心が得られない、協力者が現れないことでしょう。仲間、協力者ができるかどうかは、掲げる「夢と希望」の大きさに比例します。

私にとって、「夢と希望」を持つキッカケになったのが、30歳前後に訪れた「俺は何のために働いているのか？　何のために生きているのか？」を自問自答する日々でした。「自分を必要としてくれるお客様、夢を語れる仲間」が欲しいという、心の叫びに目覚めることができたのです。

◆「夢と希望」の大きさ

「夢と希望」の大きさとは何かを考えてみましょう。

小さな「夢と希望」の代表的なものは、「きれいな着物を着たい、車が欲しい、美味しいものを食べたい、音楽会へ行きたい」といった個人的な事柄が挙げられます。すべての動物に自己保存本能があるわけで、「夢と希望」も生存のための欲求と言え、その事自体が悪いことではありません。そんな人間の生理的欲求が、生きる喜びや目標となったり、生活産業を発展させてきたのですから。

ただし、自分中心の自己都合を優先する傾向が強くなりすぎると、人を蹴落としたり、独占所有しようとしたりして、自分を周囲から孤立させることになります。

しかし、誰でも、小さな個人的な「夢と希望」から、徐々に社会性のある大きな「夢と希望」へと転換して行くことが出来ます。まずは、自分や家族のための「夢と希望」でいいじゃありませんか。次に、職場の仲間やお客様のための「夢と希望」を持ちませんか。そして、いつかは社会、人類のための「夢と希望」を持つようになりたいと思いませんか。

◆三愛精神

この社会、人類のための「夢と希望」のことを考える時、サラリーマンとして14年間お世話になったリコー創業者である市村清さんの「人を愛し、国を愛し、勤めを愛す」という三愛精神をご紹介したくなります。私が入社した時には、すでに帰天されていましたが、市村清さんは次のようにその想いを残されています。

「私の提唱する三愛主義とは、人を愛し、国を愛し、勤めを愛する精神であるから、世界人類の一員として、まずすべての人を愛すること。日本人としては、祖国日本を愛すること。そして自己がこの世に生をうけた意義を果たすため、自分にあたえられた任務を愛して一生懸命にはげむこと。」（三愛ホームページから引用）と。

この想いで生きることこそ、今の私の目標とする姿です。三愛精神との出会いは、私の人生にとって、一つの奇跡なのです。たまたま偶然に入社しただけと思っていた会社の創業者が、こんな素晴らしい生きる指針を残してくれていたのです。こんな幸せな出会いはありません。

◆岩谷精神

もう一つ、私の人生にとって奇跡の出会いがありました。それは、現会社を立ち上げて間もない頃、ご縁をいただいた岩谷産業グループの創業者である岩谷直治さんの創業訓とも言える岩谷精神との出会いです。その一部をご紹介させてください。

「一月　世の中に必要な人間となれ。世の中に必要なものこそ栄える。

二月　開拓者魂をもて。創造の苦しみは繁栄のための投資だ。

三月　大きな夢をもて。夢を実現する努力こそ人間を大きくする。」

当時の私は、まだ実績もあまりなく、自信もまだそれ程無い頃でしたので、特に、一月の「世の中に必要な人間となれ。世の中に必要なものこそ栄える」という指針は、私に勇気を与えてくれました。さらに、二月の「開拓者魂をもて。創造の苦しみは繁栄のための投資だ」という指針は、前向きに現状を受け止められる教えでした。そして、将来のことを考える時、三月の「大きな夢をもて。夢を実現する努力こそ人間を大きくする」という指針は、これからの人生に対して、大きな夢を持つ楽しみが持てるようになったのです。

リーダーの指針（3）を行動するヒント　こんなことから始めませんか。
・家族と「夢と希望」を語り合ってみる。
・職場のメンバー同士で、「夢と希望」を語り合ってみる。

リーダーの指針（4）天の時・地の利・人の和を活かす

大きな「夢と希望」の前には、幾多の壁が障害物のように立ち塞がることもあるでしょう。そんな時、この指針を思い出してください。そして、いよいよ、大きな「夢と希望」を実現するための具体的な行動する時も、この指針が役立つことでしょう。

「夢と希望」の実現は、自分との闘いです。諦めずに挑戦しましょう。成果は、天の時、地の利、人の和に応じて、臨機応変に行動することから生まれます。

「夢と希望」を一時的に持つことは難しいことではありません。ただ、残念なことは、なかなか成果が出てこないと、つい「夢と希望」を諦めてしまう人が多いということです。幾つかの方法、手段がうまく行かなくても、それが理由で「夢と希望」を諦めてしまうことは、とても勿体ないことです。多くの先達が「成功者とは成功するまで諦めなかった人だよ」と言っています。「諦めるか」「諦めないか」決めるのは、自分です。ですから、「夢と希望」の実現は、自分自身との闘いなのです。リーダーの立場の人こそ、「夢と希望」を持ち続けて欲しいものです。

私が抱く「世界平和・人類和楽・人類幸福」の「夢と希望」は、今生での実現は無理かも知れませんが、何度生まれ変わっても諦めません、実現するまで。

◆上杉鷹山の言葉

上杉鷹山の次の言葉をご存知の方は多いことでしょう。

「成せばなる。成さねばならぬ何ごとも。成らぬは人の成さぬなりけり」。

17歳という若さで、藩財政が極端に窮乏していた米沢藩主となった鷹山が、藩主になった直後の決意を表した誓詞が残っています。一つは「文学・武術を怠らぬこと」など、自分自身を律したものです。もう一つが、「連年国家が衰微し人々が困窮しているが、大倹によって必ず中興したい、その決意を怠るようなことがあれば神罰を蒙ってもよい」という大志の誓文です。

青年、上杉鷹山の決意たるや、烈々たるものであったことを察することができます。

その後の活躍はみなさまご存知の通りです。

◆態度を選ぶ覚悟

「夢と希望」を実現する人とは、「失敗から学び続け、成功するまで諦めない人」のことです。

そのためには、本気さが必要になります。本気かどうかです。どんなに小さなことでもいいですから、自分の意志でやると決めてください。人から与えられた目標では、本気さは生まれません。「自分が望んだことで、自分で決めたこと」だから、やり続けられるのです。改めて、問いかけます。人生には、二通りの生き方しかありません。「嘆き、悲しみの人生」か「喜び楽しみの人生」かの二通りです。どんなことがあっても、「喜び楽しみの人生」を生きる態度を選びませんか。

◆実践人・行動人

さて「喜び楽しみの人生」を生きる決心覚悟ができたなら、次にはいよいよ実践、行動です。

その時に指針にしたいのが、孟子が戦を論じた際に言った「天の時は、地の利に如かず。地の利は、人の和に如かず」つまり、「天のもたらす幸運は、地勢の有利さには及ばない。地勢の有利さは、人心の一致には及ばない」という言葉です。

「天の時」とは、スピード、タイミング、顧客ニーズへの適応です。

「地の利」とは、市場、立地、業態です。

「人の和」とは、ビジョンの共有、自由闊達な風土、職場の仲間との協働関係です。

マーケティング戦略の中心は、「天の時と地の利」を具体的に検討することになります。重要な経営戦略の中心と言えましょう。では、「人の和」は、どの位経営戦略のテーマとして取り上げられているでしょうか。検証してみてください。

行動に移す時には、「天の時、地の利、人の和」を活かして取り組みたいものです。


リーダーの指針（4）を行動するヒント こんなことから始めませんか。
・「喜び楽しみの人生」を生きることを決める。
・「天の時、地の利、人の和」を具体的に考える。

リーダーの指針（5） 人を治めるにはまず己を修める

リーダーとして、己の器を大きくする修養と陶冶の大切さを説いた指針です。

人を治めるには、まず、自分自身を修めることが前提となります。メンバーの姿は、リーダー自身の姿を映す鏡です。リーダーこそ、メンバーから学びましょう。

「人を治めるには、まず、己（自分自身）を修めること」という言葉は、もともと礼記の一部で、宋代（13世紀）に朱子が再編成し、独立させた「大学」にある言葉です。「大学」は、昔から「己を修め人を治める道を最も系統的に説いており、初学者の必ず修むべき書」といわれてきたものです。リーダーとしての心構えを作る道といってもよいでしょう。

まず、全編の大綱である「三綱領」をご紹介いたします。

◆三綱領

明徳を明らかにする

人は本来、神の分け御霊と言われているように、その本性に「仁・義・礼・智・信」の五常の徳が備わっているようですが、残念なことに、煩悩の闇に遮られ、隠れてしまいがちです。そのことに気付き、徳を磨き、発揮することがリーダーとして己を修める第一歩だということを、お互いに忘れないようにしましょう。

「仁」・・・他人に優しい眼差しで向き合い、思いやりの心をもった生き方

「義」・・・正義や倫理にそった、正しい道理に合った生き方

「礼」・・・相手を尊重し感謝する心・礼節を重んじる心
「智」・・・善悪を見極める知恵・問題を認識する力
「信」・・・人を信じる素直な心、世の多様性を受け入れる心

民に親しむ

縁があって仲間となった相手と一体となり、相手らしさを活かしきろうとする姿勢です。本当に絆を大切にし、親しみを感じながら、愛を注ぐことを表した言葉です。

至善に止まる

至善と思われるものの実現に向け、人生の全てを掛けて取り組む生き方です。論語の中に「君子は義に喩り、小人は利に喩る」という語がありますが、企業の経営理念とは、組織の義であり、志です。経営理念を実現しようと取り組む道は、至善への道でもあります。経営理念を高らかに掲げ直すことです。

次に、物事の考え方「本末論」をご紹介します。

◆本末論

短期的視点から長期的視点へ

目の前のことに目を奪われることなく、できるだけ長い目で見ることです。経営戦略が短期だけでなく、中長期で、社会・市場・顧客の変化を予測して戦略を組み立てることを言います。

一面思考から多面思考へ

物事の一面に囚われないで、できるだけ多面的に見る、考えるということです。しかし、私たちが物事を認識する場合、どうしても過去の経験や知識に基づいたデータベースでしか認識できないという限界があります。であるがゆえに、人の話に耳を傾けられる謙虚さが必要になります。

戦術的思考から戦略的思考へ

何事によらず枝葉末節に囚われないで、根本的に考えるということです。よく方法・手段の論議は多く見受けられますが、何のためにやるのか、目的や志のレベルで議論してまいりましょう。戦略を明示していない場合は、戦術は過去の継承か、思い付きにしかなりません。

リーダーの指針（5）を行動するヒント　こんなことから始めませんか。

・三綱領と本末論をじっくりとリーダー間で話し合う。
・自分の「出来ている所」と「出来ていない所」を整理する。

リーダーの指針（6）己の役割を知る

器を広げていく人生って、素晴らしいですね。しかし、「人を治める」には、人間をどう見るか人間観が影響を与えます。この指針は、リーダーの人間観と周囲に与える影響力を説いたものです。

誰にでも天命があり、可能性を秘めています。その可能性を引き出すのがリーダーの役割です。リーダーこそ、メンバーが成長できる環境づくりと使命を果たせるよう応援しましょう。

最初に、個々人に与えられた役割を考える前に、私たち全ての人間に与えられている役割とは何かを考えてみましょう。まず、役割を考える材料として、大自然から与えられている「人間の能力」を分析することから、始めることにします。

◆人間に与えられている能力

動物にはなく、人間にだけ与えられている能力のことです。それは何かを「イメージする力、想像する力」です。「必要は発明の母」という言葉がありますが、「こんなものが欲しいなぁ」と頭で考えたものを生み出すことが出来るすごい能力です。私たちは、普段、当たり前のようにこの力を使って、ビジョンを描いたり、目標の実現のために、具体的な計画を立てたりしています。そう考えると、毎日の仕事に追いまくられて、こなすだけで日々が終る人生は、せっかくの与えられた想像力を十分に活かしていないことになります。

◆私たち人間に期待されている役割

多くの職場で、業務の改善活動が奨励されていますが、利益を上げるためやクレームを減らすための活動という組織の目的だけでは人間は本気になれません。そこで働いている一人ひとりが、お客様に、仲間に貢献したいという熱い思い、使命感で、新たな取り組みができる生き方こそが、「私たち人間が期待されている役割」ではないでしょうか。

従って、ワクワクする職場のビジョンの無い職場、マンネリの職場、メンバーに権限が与えられていない、やらされている職場では、活気がないのは当然でしょう。人間らしいリーダーの生き方とは、「メンバーがもつ無限の可能性を引き出す」役割を果たすことなのです。

◆個々人の役割

職場では、経営幹部、管理者、一般メンバーなど階層別に、営業業務や製造業務など、職種別に役割が違ってきます。女性、男性という性の違いによる役割の違いもあります。役割の違いがあるからこそ、私たちは助け合い、補完し合う家庭や職場や社会をつくっていくことができます。

この一人ひとりに与えられた大切な役割をみんなで話し合って、組織と個人のビジョンやミッションを掲げ、ひた向きに取り組む経営こそ、「人間的経営」と考えますが、いかがでしょうか。その時こそ、私たちは「知命元年」がスタートしたと宣言することができることでしょう。

職場でも、家庭でも、職場の仲間が、家族が一人ひとり役割を担い、助け合い補完し合うからこそ、感謝し合える素晴らしい人間関係が持てるんですね。「自分が必要とされているんだ」という人間としての最高の喜びを感じられる幸せです。

リーダーの指針（6）を行動するヒント　こんなことから始めませんか。
・「自分らしさ」、「メンバーらしさ」という長所を見つける。
・メンバーとして、チームに貢献する役割の達成を誓い合う。

リーダーの指針（7）心のエネルギーを活用する

この指針は、せっかくの人間の能力の根幹となる「心の力」を否定的に使うのではなく、肯定的に使うようにするためのものです。

メンバーの恐怖や不安、怒りやいらだちを消し去り、自己重要感を高めるのは、リーダーの慈しみと信頼感と微笑みです。優しい眼差しを向けましょう。

夜の闇を消し去りたければ、電気のスイッチを入れ、光を当てれば一瞬の間に夜の闇は消え去ります。このことから分かるように、恐怖や不安、怒りやいらだち（不平不満）といった否定的な心のエネルギーを消し去りたければ、そこに焦点を当てるのではなく、仲間に対する慈しみと信頼感、愛や安心、感謝や安らぎといった肯定的な心のエネルギーが必要です。

◆否定的な心のエネルギーを肯定的な心のエネルギーに転換

リーダーの役割は、恐怖や不安、怒りやいらだち（不平不満）といった否定的な心のエネルギーの原因を探すことではありません。なぜなら、原因が分かって手を打てたとしても、否定的な心のエネルギーを使う習慣がなくなる訳ではないからです。そして、原因が取り除けないものなら、お手上げです。単に、同情するしかありません。

リーダーに期待される役割は、まず、メンバーの気持ちを理解していることを伝えた上で、チームのメンバーに対して、肯定的な心のエネルギーを注ぎ込み、そのことに触発されて、メンバー自身の内面からも意欲的な、肯定的な気持ちが出てくるキッカケを与えることにあります。さらに、メンバーの否定的な心のエネルギーに変換するお手伝いをしましょう。

◆エネルギーを変換する具体的なケース

メンバーのAさんは、仕事の成果が思うように上がらないので、自分には能力がないのではないかと不安な気持ちが強くなっています。

さあ、リーダーとして、皆さんなら、どうしますか？

「成果がすぐ出ないからって、気にするなよ。」と慰めますか。

「不安になっても何にもならないよ、希望を持てよ」と指導しますか。

「そう言われてもね・・・」とAさんは思うでしょう。

まずは、Aさんの気持ちを理解していることを伝えましょう。

「そうか今、不安な気持ちになっているんだ」とAさんの気持ちを表現してあげます。

その上で、Aさんから、肯定的な心のエネルギーが出てくるキッカケを与えるためには、

「Aさんは、こんなに努力しているんだから、早く成果が出るといいね。私も応援するよ」

と肯定的な表現を使いたいものです。

次に、Aさんの否定的な心のエネルギーを肯定的な心のエネルギーに変換するために、

「Aさんって、不安な気持ちになる位、真剣に成果を出して貢献しようとしてくれているんだね」

と心のエネルギーを変換します。

◆肯定的なエネルギーの基は、笑顔です

私は若い頃、笑顔のない、無表情な日々を送っていたように思います。幸せ感を生み出す笑顔の素晴らしさに気付かなかったからです。

今やっと、写真に写る自分は、笑顔いっぱいです。笑顔にあふれた職場は、メンバー同士が、笑顔に触れることで、肯定的なエネルギーを与え合っていることになります。

楽しいから笑顔になると考えるのではなく、笑顔の習慣を創ることで、気持ちが明るくなるという考え方をお勧めします。最近の調査では、笑顔が自然治癒力を高めることが分かってきました。

リーダーが率先して、笑顔をメンバーに向けて行きましょう。

リーダーの指針（7）を行動するヒント　こんなことから始めませんか。

・エネルギーを変換する具体的なケースを即、職場で実行する。
・鏡で自分の〝笑顔〟を楽しみ、周囲に〝笑顔〟を向ける。

リーダーの指針（8）試練から強い心を育む

最後の指針は、「逆境こそがリーダーを育てる」という逆境に注目した指針です。

多くの試練がリーダーに待っていることでしょう。でも、そのことが強い心を育みます。最後まで自分を信じて、人生のドラマを楽しみましょう。

◆病は善知識なり

お釈迦様の教えに、「病は善知識なり」という教えがあります。私達は、健康なときには健康のありがたさに気付いていません。病気になってはじめて、健康のありがたみを感じることができます。平凡な生活のありがたさ、ご飯のおいしさ、今日も生かされている尊さに気付くことになります。

若くして亡くなった若者の話を思い出します。

彼は、高校生の頃、発病しました。病名は、筋肉の萎縮と筋力低下をきたす疾患で筋萎縮性側索硬化症という難病です。きわめて進行が速く、半数ほどが発症後3年から5年で呼吸筋麻痺により死亡するという大病です。

人一倍スポーツ好きで元気だった彼は、ベッドに横たわるだけの病院生活に、当初、随分と落ち込みます。死を待つだけの日々に、生きる意味が見出せない毎日でした。
そんな日々の中で、彼は生きる目的を見出すことになります。それは、「祈る」ことでした。最初は、家族の幸せを祈りました。そして、最期には、世界の人々の幸せを祈るようになります。ベッドに寝たままだからこそ気付けた「祈る」という素晴らしい世界を得られたことに感謝して、彼は生涯を閉じたのです。彼は、自分に与えられた試練、逆境に逆らわず、呪わず、むしろ、人間という自分を磨く鍛錬の場として、感謝して受け止められる素晴らしい境涯に辿り着くことができました。目標としたい生き様です。

リーダーの指針（8）を行動するヒント　こんなことから始めませんか。
・今までの試練を、自分の成長の糧にしていたかを問い、してなければ行動に移す。
・メンバーの試練に寄り添って、乗り越える支援をする。

ここで言うリーダーとは、職場の管理職だけを意味している訳ではありません。肩書のないメンバーであろうと、ちょっとでも先輩なら、後輩のリーダーです。家庭では、子供たちのお母さん、お父さんもリーダーです。さらに、悔いのない自分の人生を引っ張っていく主人公、つまり自分自身も己の人生のリーダーなのです。8つのリーダーの指針をお役立ていただけると嬉しいです。

付録「あなたの職場の現状」を診断してみませんか

最強で幸せな職場づくりに必要な六つの秘訣がどの程度できているかを診断しましょう。

秘訣①「ポジティブな職場風土を創る」
秘訣②「協働し合う関係を創る」
秘訣③「学習し合う関係を創る」
秘訣④「職場のビジョンを共有する」
秘訣⑤「職場のビジョンを実践する」
秘訣⑥「楽しい改革・改善に取り組む」

この診断の進行役（ファシリテーター）は、リーダー、あなたの役割です。この診断結果を活用して、理想の職場を実現してください。

- 診断する目的と意義を明確に、メンバーに理解してもらう。
- 診断の結果をまとめる。
- 結果の意味について意見交換を促す。
- 診断の結果を踏まえた対応策を検討する。

◆診断に参加すべきなのはだれか

職場の現在の文化・風土をできるだけ正確に把握するには、職場のすべての階層から幅広く参加者を募るのが最も効果的ですが、より局地的な現状分析が目的であれば、部署やグループ単位で行うこともできます。メンバー全員が、診断したいという思いが持てる場をぜひ作りましょう。その時、注意したいことは、関心の無いメンバーが、そのことを言える雰囲気づくりです。関心の無いメンバーが納得する話し合いがポイントです。

◆職場の診断を行うことのメリットは何か

・現状における職場の風土や考え方を的確に把握できる。
・みんなと改革、改善すべき点が明らかになる。
・学習する職場を実現するための結束力が向上する。
・職場内に継続的な学習を根付かせるのが容易になる。
・職場のノウハウや技術などの人的資源を最大限有効に活用できるようになる。
・職場の成長を継続的に評価していくためのツールとなる。
・理想の職場像を掲げたい気持ちが持てるようになる。

◆職場の現状診断のやり方

スコアを評価する

診断から得られた数字は、職場の長所と短所を知る手がかりとなります。低い数字は職場の短所を、高い数字は長所を示唆しています。したがって、どの分野を重点的に改善すべきかが明らかになります。それはたとえば、職場風土としてチャレンジ精神を促す環境づくりかもしれませんし、研修体系プログラムの改訂かもしれません。あるいは、メンバーたちのスキルや才能をもっと生かすことが急務となるかもしれません。

参加者が自分の考えを正直に答えると、診断の結果は往々にして、リーダーのあなたが予想したものとは異なる問題を提起することになるかも知れません。職場を改善していくには、そうした認識のギャップを知ることがきわめて重要になります。もちろん、人によって現状の見方は異なります。部署が違えば、おのずと職場の現状に対する認識も変わってきます。これらの相違は情報として非常に有益です。診断はこうした相違についても明らかにします。

いうまでもなく、診断は、参加者が自分の考えを正直に答えることにいっさい不安を感じないような状況で行われなければ、信頼に足るものとはなり得ません。したがって、診断は無記名で行うことを原則とし、また結果の集計に際して回答者が誰であるかが分かったとしてもその立場は完全に守られなくてはならず、またそのことが参加者全員に十分理解されなければなりません。

結果の分析を促す

診断の結果が出たら、参加者たちにその分析を促します。ファシリテーターとしてのあなたの仕事は、職場の学習文化の現状を踏まえて現実的な改善策を検討するようグループを導くことです。

まず、最初のステップは、共通してスコアの高かったものに注目することです。職場の「魅力・長所に当たる」ものです。はじめから大幅な改善を要する分野に焦点を当てるのではなく、まずは現在の職場のポジティブな側面に目を向け、職場の長所をすべてリストアップします。

それができたら、今度は診断のスコアが低かった分野に注目します。診断の結果、職場に欠けていると判断された要素のうち、職場の機能にとって最も必要なものがどれかを考えます。共通してスコアの低かったものを、職場に「欠けている」ものとして、リストアップしてください。二つのリストを比較しながら、両者間のギャップを埋める方法を探すことです。

〈設問ごとの□に、当てはまる数字をご記入ください〉

1：全くやれていない
2：ちょっとしか、やれていない
3：まあまあ、やれている
4：かなり、やれている
5：十分、やれている

ア・□自分が気付いたことを、幹部に対しても自由に発言できる雰囲気があり、新たな業務改善の提案は、積極的に評価され、業務見直しの材料として全社で活かされている。

イ・□個人あるいは部署の失敗体験は、叱責されるだけの対象ではなく、建設的な学習の機会として生かされる。

ウ・□期待した結果が出ないときに、必ずもっとよい方法が見つかるという前向きな気持ちを、メンバーが常に持って、工夫している。

エ・□多様な戦略的視点からものを見ることや、率直な方法論などの意見交換がされている。

オ・□チャレンジ精神が尊重され、実験的な試みを歓迎する空気がある。

カ・□失敗は成長のチャンスとしてポジティブにとらえられる。

キ・□積極的に、今までの日常業務のやり方を脱却して、新しいやり方を皆で取り入れている。

ク・□リーダーは革新的で、クリエイティブで、新しいことに挑戦することを恐れない。

ケ・□職場全体が仕事を楽しむ雰囲気にあふれ、メンバーは仕事にやりがいを感じている。

コ・□自分の知識や技術、体験したことを、他のメンバーと分かち合われており、そのための公式および非公式な仕組みがある。

サ・□問題解決を通して、職場は学習し成長できる場所だと考えられている。

シ・□リーダーからメンバー、労働組合、株主、顧客に至るまで、職場のあらゆるレベルにおいて学習することが期待され、また奨励されている。

ス・□メンバーは、他の専門や部署にも関心をもち、全体像を把握しており、全社のビジョン実現に向けた仕事をしている。

セ・□失敗から学んだことを共有する機会が設けられており、明確で具体的な業務改善などの職場的変革につなげている。

ソ・□メンバーや職場の成長を妨げるリーダーシップや職場の仕組みは、随時、より効果的なものに変えられている。

タ・□メンバーは自分たちの業務の仕組みを自ら改善する権限を与えられている。

チ・□メンバーそれぞれが、何らかの具体的な成長目標を自ら掲げ、年に一定時間のＯＪＴトレーニングや研修を受けることを望んでいる。

ツ・□職場では、メンバーの成功を全員が喜びを分かち合い、公の場で賞賛されている。

テ・□ほかの部署や専門について学習する機会が定期的にあり、自分とは異なる部署のメンバーの役割を理解することができる。

ト・□私は現在のポジションにおいて自分がとても必要とされているのを感じる。

ナ・□予期しない不測の事態は、学習の機会として前向きにとらえられている。

ニ・□メンバーは職場の発展とともに、自分自身の能力を高めることも望んでいる。

ヌ・□職場の仕組み、方針、人員配置は、内外からの環境変化に対して敏感かつ柔軟に反応することができる。

ネ・□職場内の衝突や葛藤は、ビジョンを共有した仲間としての信頼をベースに、健全で対処可能なレベルに維持されている。

ノ・□継続的な改善は、言葉で奨励されるだけでなく、具体的な形で実行されている。

ハ・□教育や研修は、参加者の参加意欲が高まるように工夫されており、意識改革や職務能力向上に具体的に貢献している。

ヒ・□相互に改善すべき点をフィードバックし合うことで、自分自身の成長目標を明確にすることが奨励されている。

フ・□今の仕事を通して、私が目指す夢の実現が可能だと思う。

ヘ・□互いの学習スタイルを認め合うことが、コミュニケーションの改善と職場全体での学習の促進につながっている。

ホ・□リーダーは、メンバー個々の成長のスピードの違いを認め見守っている。

マ・□メンバーには、時には日々の業務から一歩離れて、職場全体の動きを考える姿勢がある。

ミ・□私の個人的な能力は仕事の内容とうまくかみ合っている。

ム・□革新的な問題解決の方法を見いだした職場は、評価され、ふさわしい報酬を受ける。

メ・□リーダーたちは、周囲の意見に耳を傾け、メンバーからの要求に対しも、十分に対応している。

モ・□リーダーたちは、メンバーに自己研鑽を促し、業務目標を向上させる方法を自ら見いだすよう導いている。

ヤ・□リーダーたちは、メンバーが職場内で効率的に働けるような環境を提供している。

ユ・□職場内の異なる個性が互いにサポートし合い、役割・機能を補完することで、よりよい業務成果を実現している。

ヨ・□ミーティングでは問題が本音で話し合われ、効率的に解決されている。

ラ・□個人間、個人と職場、あるいは部署間のニーズに対して聴く姿勢が会社全体にある。

リ・□コミュニケーション・スキルは職場全体で重視されている。

ル・□職場では、切磋琢磨し合うことだけではなく、協力し合うことが重視されている。

レ・□リーダーは、率先垂範して、変革課題を的確に察知し、計画し、見直ししている。

ロ・□私にとって職場の目標は常に明瞭である。

ワ・□職場の目標とビジョンは、職場全体で共有され、達成を誓い合っている。
ン・□自分の仕事に喜びを感じ、やりがいと誇りをもっている。

回答シートに転記してください

回答シート（1）（2）（3）には、各秘訣①から⑥に対応する6個のマスが並んでいます。

そのなかに一個ないしは数個ずつ空白になっているマスがあります。各項目についてあなたの職場の現状を最もよく表すと思える回答を選び、その番号を空白のマスの中に書いてください。

例えば、チェックの最初の項目アについて、あなたの職場の現状が「ちょっとしか、やれていない」場合、黒くなっていない空白になっている「秘訣①」と「秘訣③」と「秘訣⑥」のマスに数字の「2」を書き込みます。

さらに、秘訣ごとに、縦計を計算して、計A・計B・計Cの欄にご記入ください。

	秘訣①	秘訣②	秘訣③	秘訣④	秘訣⑤	秘訣⑥
ア	2		2			2
イ						

回答シート（1）

	秘訣①	秘訣②	秘訣③	秘訣④	秘訣⑤	秘訣⑥
ア						
イ						
ウ						
エ						
オ						
カ						
キ						
ク						
ケ						
コ						
サ						
シ						
ス						
セ						
ソ						
計A						

回答シート（2）

	秘訣①	秘訣②	秘訣③	秘訣④	秘訣⑤	秘訣⑥
タ						
チ						
ツ						
テ						
ト						
ナ						
ニ						
ヌ						
ネ						
ノ						
ハ						
ヒ						
フ						
ヘ						
ホ						
計B						

回答シート（3）

	秘訣①	秘訣②	秘訣③	秘訣④	秘訣⑤	秘訣⑥
マ	■		■		■	■
ミ	■	■		■		■
ム		■		■	■	
メ			■	■	■	■
モ		■		■		■
ヤ	■		■	■		■
ユ	■		■	■		■
ヨ			■	■	■	
ラ			■	■	■	■
リ						
ル			■	■	■	■
レ		■	■		■	
ロ	■	■	■			■
ワ	■	■	■		■	■
ン						
計C						

最終スコア計算書に転記してください

回答シートで計算した計Aから計Cの各計を最終スコア計算書にすべて転記し終えたら、秘訣①～⑥に対応する縦の列ごとに縦計を計算し、「総合計」欄に記入します。最後に各欄の「総合計」を「回答欄数」でそれぞれ割ることにより「最終スコア」少数点第一位まで算出してください。

最終スコアの数字が、あなたの職場の現状を表しています。数字が低い場合は、メンバーと「理想の職場」を実現する課題が見えたことを喜び合いましょう。

秘訣①「ポジティブな職場風土を創る」
秘訣②「協働し合う関係を創る」
秘訣③「学習し合う関係を創る」
秘訣④「職場のビジョンを共有する」
秘訣⑤「職場のビジョンを実践する」
秘訣⑥「楽しい改革・改善に取り組む」

最終スコア計算書

	秘訣①	秘訣②	秘訣③	秘訣④	秘訣⑤	秘訣⑥
計A						
計B						
計C						
総合計						
回答欄数	29	23	23	16	18	19
最終スコア						

終章

最後までお読みいただき、ありがとうございました。

「幸せな人生を創る」、「最強で幸せな職場を創る」ヒントを手に入れていただけたでしょうか。

まずは、最初の一歩を踏み出してみませんか。

最初の一歩とは、「幸せな人生を創る」、「最強で幸せな職場を創る」と決心することです。そして、自分は「どんな人生にしたいか」、「どんな職場にしたいか（理想像）」という自分への問いかけからです。そして、一緒に働くメンバーへの「どんな職場で働きたいか（理想像）」という問いかけと徹底的な話し合いです。例えば、
★お客様から必要とされ、喜ばれる製品やサービスを提供し続けられると同時に、働く仲間全員が、仕事にやりがいを感じられる職場。
★同じ働く仲間と一緒にいられることに喜びを感じられる職場。
★日々、業務能力だけではなく、人間としても成長している喜びを実感できる職場など。
私共は、いつでも、皆さんの最強で幸せな職場づくりの応援団です。

ご要望いただければ、より具体的な取り組み事例をご紹介いたします。お問い合わせ下さい。

さあ、始めましょう。

著者紹介

幸援家　**石橋正利**（いしばし まさとし）

株式会社総合教育研究所　代表取締役

昭和２３年、新潟市に生まれる。

獨協大学法学部卒業後、大手事務機器メーカーに入社。グループの販売会社の営業マネージャーを現場体験した後、メーカー本社の販売計画部門で販売促進・商品企画にたずさわる。

その後、「働く喜び」「生きる喜び」を伝える社会教育者（幸援家）としての使命を自覚し、昭和６２年、株式会社総合教育研究所を設立、代表取締役として現在に至る。

「人間学」をベースに、「人の役に立つことが喜び」を実感できる人材開発と「協働し合える」組織開発カリキュラムを支援している。さらに、日本経営品質賞アセスメント基準を活用して、社員満足度と顧客満足度が高く、競争力を生み出す経営システムや人材が育つ人事システムの構築等を総合的にコンサルティングしている。

【認定資格】
- (社)日本生産性本部認定日本経営品質賞セルフアセッサー
- (社)日本生産性本部認定ベンチマーキングインストラクター
- (社)全国産業人能力開発団体認定キャリア・ディベロップメント・アドバイザー
- ＮＰＯ内部統制評価機構認定内部統制評価者等

【専門分野】
- 理想的な組織を実現する経営革新コンサルティング
- 社員／顧客満足向上の仕組みコンサルティング
- 業績が向上する組織開発コンサルティング
- 目標管理・人事諸制度の構築コンサルティング
- 階層別研修プログラムの開発及び講師
- マネジメント開発研修プログラム開発及び講師
- モチベーション開発研修プログラム開発及び講師
- リーダーシップ開発研修プログラム開発及び講師
- キャリアデザイン研修プログラム開発及び講師
- コミュニケーション研修プログラム開発及び講師
- 提案営業研修プログラム開発及び講師等

お問い合わせ先

株式会社総合教育研究所

メール・アドレス：info@sk-k.co.jp　ホームページ：http://www.sk-k.co.jp

TEL：025-230-4727

最強で幸せな職場を創れる6つの秘訣

2016年9月25日〔初版第1刷発行〕

著　者	石橋正利
発行人	佐々木紀行
発行所	株式会社カナリアコミュニケーションズ 〒141-0031　東京都品川区西五反田6-2-7 ウエストサイド五反田ビル3F TEL　03-5436-9701　FAX　03-3491-9699 http://www.canaria-book.com
印刷所	本郷印刷株式会社
装　丁	株式会社バリューデザイン京都

ISBN 978-4-7782-0366-5 C0034

カナリアコミュニケーションズの書籍ご案内

2016年8月20日発刊
価格　1500円（税別）
ISBN978-4-7782-0364-1

勝ちぐせ。
ハッピーを味方につけて勝ちぐせをつけるための7つのコツ

廣田 さえ子　著

人間も会社も、ひたすらのめりこんで仕事をやる“ダッシュ期”がある。だが、不安や迷いもある。若者は動き方が分からず、経営者は孤独。
そんな彼らへの応援メッセージ。

2016年5月31日発刊
価格　1400円（税別）
ISBN978-4-7782-0359-7

大真面目に波瀾万丈人生
～シニアになっても直球勝負～

田中　和雄　著

自分の人生は自分でしか作れない。新潟県山古志村から出て世界を駆け巡り、ミャンマーに行き着くまでの「振り返れば波瀾万丈の人生」から自分流の人生の作り方を読み解く！！

カナリアコミュニケーションズの書籍ご案内

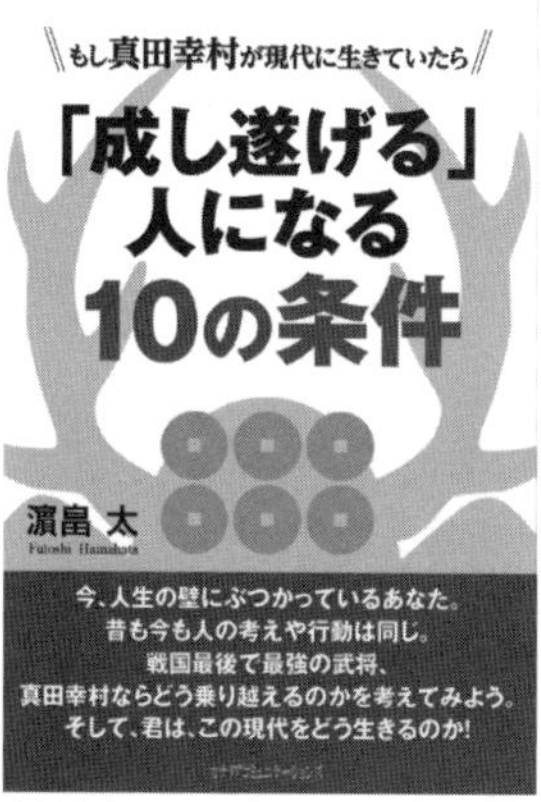

2016 年 2 月 29 日発刊
価格　1200 円（税別）
ISBN978-4-7782-0329-0

もし真田幸村が現代に生きていたら「成し遂げる」人になる10の条件

濵畠 太　著

一度定めた目標は、最後までやりきること。

文字にして書くと簡単なようで、実行すると多くの乗り越えなければならない壁が目の前に表れる。それらの壁を越えるための「最後までやり抜く力」を、真田幸村という戦国時代の人物像にかさね、導き出す。

2016 年 1 月 10 日発刊
価格　1400 円（税別）
ISBN978-4-7782-0324-5

「高ストレス社員ゼロ」の職場をつくる本

石井　香里　著

企業にとっても、そこで働くすべての人たちにとっても、メンタルヘルス対策、職場の環境改善対策は「取り組む必要がある課題」となる。

「アンガーマネジメント」や高ストレス社員を守る「怒りのコントロール術」など、企業担当者の視点から役立つ情報と具体的な対処法をわかりやすく紹介する。

カナリアコミュニケーションズの書籍ご案内

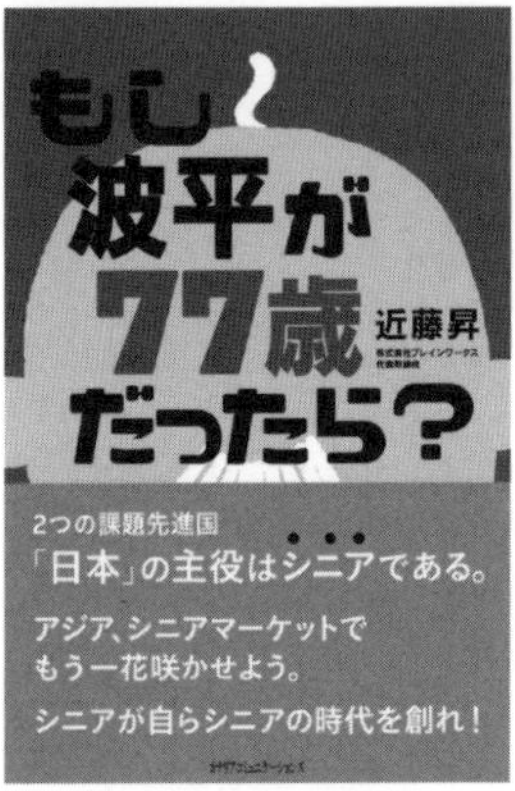

もし波平が７７歳だったら？

近藤昇　著

第１章　シニアが主役の時代がやってくる
第２章　アジアでもう一花咲かせませんか？
第３章　日本の起業をシニアが活性化する時代
第４章　中小企業と日本はシニアで蘇る
第５章　シニアは強みと弱みを知り、変化を起こす
第６章　シニアが快適に過ごすためのＩＣＴ活用
第７章　シニアがリードする課題先進国日本の未来

2015 年 1 月 20 日発刊
価格　1500 円（税別）
ISBN978-4-7782-0291-0

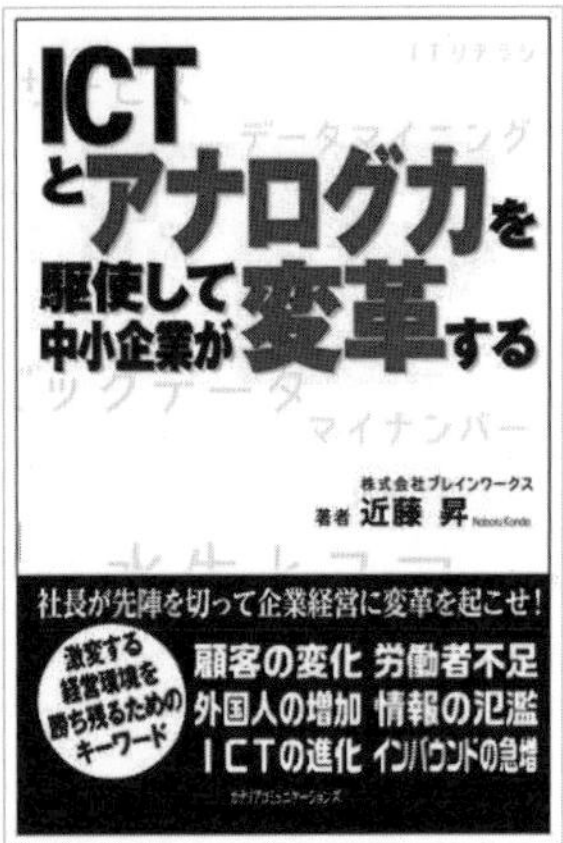

ICTとアナログ力を駆使して中小企業が変革する

近藤　昇　著

第１章　ＩＣＴに振りまわされる続ける経営者
第２章　アナログとＩＣＴの両立を考える
第３章　パソコンもオフィスも不要な時代
第４章　今どきのＩＣＴ活用の実際
第５章　エスカレートする情報過多と溺れる人間
第６章　アナログとＩＣＴの境界にリスクあり
第７章　水牛とスマートフォンを知る
第８章　中小のアナログ力が際立つ時代の到来

2015 年 9 月 30 日発刊
価格　1400 円（税別）
ISBN978-4-7782-0313-9